# Harald J. Schellander

# INSPIRATION

## Die Kraft zu werden was wir sind

*Für Martin,
viele Inspirationen beim Lesen
wünscht dir
herzlich
Harald*

Die vollständige oder auszugsweise Speicherung, Vervielfältigung oder Übertragung des Werkes, ob elektronisch, mechanisch, durch Fotokopie oder Aufzeichnung, ist ohne vorherige Genehmigung der Rechteinhaber untersagt.

Alle Rechte vorbehalten
© 2008 by Harald J. Schellander, www.haraldschellander.net
Verlag Johannes Heyn, Klagenfurt

Satz & Grafische Gestaltung:
Cornelia Scala-Hausmann, www.selfnesscoaching.at

Fotos: Umschlag und Farbteil: Harald J. Schellander

Printed in Austria
Druck: carinthian Bogendruck GmbH, www.carinthian.co.at

ISBN 978-3-7084-0329-8

*Meinen Eltern und Schwiegereltern gewidmet,
und allen, die sich auf den Weg machen ihre Inspiration zu leben.*

## INHALT

*Inspiration – Annäherung an ein Phänomen* — Seite 8
Statt eines Vorwortes

*Das Jahr der Wunder* — Seite 12
Eine Chronologie der Inspiration

*Inspiration ist ... beseeltes Einatmen* — Seite 35
Ein Mosaik an Erklärungsversuchen

*„Die Seele bekommt Flügel"* — Seite 39
Zitate aus den Gesprächen

*Plädoyer für die Demokratisierung der Musen* — Seite 45
Eine kleine Geschichte der Inspiration

*„Wagend bejahe das Ich"* — Seite 51
Das Selbst als Basis für Inspiration

*„Da muss man geschickt sein alles festzuhalten"* — Seite 57
Wie Inspirationen eingefangen werden

*„Von der eigenen Zukunft abgeholt werden"* — Seite 62
Inspirierende Momente, ganz im Jetzt

*„Beim Menschen lebt alles von seiner Herzensenergie"* — Seite 69
Wie Menschen inspirieren und Begegnungen gelingen

*„Ich suche nicht, ich finde"* — Seite 77
Rituale der Inspiration

*„... der Wald mit seinen Wundern und Grauen"* — Seite 83
Orte der Inspiration

*Was uns am meisten inspiriert* — Seite 88
Die besten Räume, Tätigkeiten und Voraussetzungen für Inspiration

*„Ein inspirierendes Umfeld wird zum Standortvorteil"* — Seite 90
Wie Inspiration unser Wirtschaftsleben verändert

*Auszeit*
Fotografische Inspirationen

*„Wie der Hamster im Rad hecheln"* — Seite 100
Was die Inspiration gefährdet

*„Das Schicksal ergreifen, wie es einem entspricht"*     *Seite 107*
Wolfgang Schaffer, Waldorfpädagoge und Anthroposoph

*„Da war eine Stille mit so einer Dynamik…"*     *Seite 111*
Hopkinson Smith, Lautenspieler

*„Alles, was die Wahrnehmung erweitert, ist inspirierend"*     *Seite 116*
Karin Leeb, Hotelierin

*„Inspiration braucht auch eine Atempause"*     *Seite 122*
Josef-Klaus Donko, Stiftspfarrer

*„Inspiration ist ein geglückter Moment"*     *Seite 127*
Mila Baldi, Gesundheitsmanagerin und Weltnomadin

*„…für sich bestimmen, was das Wesentliche ist"*     *Seite 134*
Sissy und Stefanie Sonnleitner, Haubenköchinnen

*„Kreativität ohne Inspiration verhungert"*     *Seite 140*
Hanno Kautz, Künstler

*„Wir forschen nicht, wir lassen Inspiration zu"*     *Seite 146*
Josef Zotter, Chocolatier

*„Achtsam sein, dass die Phantasie nicht verkommt"*     *Seite 155*
Manfred Sauer, Superintendent

*„…die Menschen unterstützen ihrer inneren Stimme zu folgen"*     *Seite 161*
Gundula Schatz, Gründerin Waldzell-Institut

*„Wir sollten Bauch, Herz und Kopf in Balance haben"*     *Seite 168*
Vjekoslav Martinko, Lebensunternehmer und Hotelier

SOBETI     *Seite 174*
*Das 6-Stufen-Modell der Inspiration zum Selbst*

Die Inspirations-DNA     *Seite 185*
*Wie Sie Ihren Inspirations-Code entschlüsseln*

Anhang     *Seite 194*
Personenregister, Quellenangaben, Inspirationsquellen

Dank     *Seite 198*

*Inspiration
Annäherung an ein Phänomen*

## Statt eines Vorwortes

*„Jeden Augenblick des Lebens, er falle aus welcher Hand des Schicksals er wolle uns zu, den günstigen, so wie den ungünstigen, zum bestmöglichen zu machen, darin besteht die Kunst des Lebens und das eigentliche Vorrecht eines vernünftigen Wesens."*
Georg Christoph Lichtenberg

Wenn es den Meeresspinnen zu eng wird in ihren Schalen, verfügen sie über einen besondern Mechanismus: Durch eine Öffnung in ihrem Panzer pumpen sie Wasser in den Hohlraum zwischen Fleisch und Kruste. Der Druck, der dadurch entsteht, sprengt die harte Ummantelung. Dieses Wachstum ist lebensgefährlich. Mit blankem Fleisch, gänzlich ungeschützt, ziehen sich die Meeresspinnen in dieser Zeit in Höhlen zurück und kommen erst wieder hervor, wenn die neue Schale hart genug ist, um Feinden zu trotzen. Für den nächsten Wachstumsschub ist vorgesorgt. Es wird dann wieder genug Hohlraum geben…
Die Meeresspinnen, die ich im Two-Oceans-Aquarium in Kapstadt sah, zählen mit ihren endlos langen Beinen, ihren schreckerregenden Körpern und scharfen Scheren und ihren Ausmaßen bis zu 1,5 Metern Höhe nicht gerade zu meinen Lieblingstieren. Doch die Beschreibung ihres Wachstums hat mich an Veränderungsprozesse bei Menschen denken lassen. Auch uns wachsen im Laufe des Lebens immer wieder Panzer. Diese sind zwar nicht sicht-, aber doch spürbar für uns und andere. Wollen wir eine neue Stufe unserer Entwicklung erreichen, bleibt uns nichts anders übrig als uns davon zu befreien. Unser Mechanismus funktioniert ähnlich wie bei Krustentieren. Wenn es bei uns unerträglich eng wird, haben auch wir keine andere Wahl als einen Befreiungsschlag. Das sind dann Wendepunkte, Krisen, die uns eindringlich, oft schmerzhaft auf unser Selbst zurückführen. Dann sind wir ebenfalls ungeschützt und empfindlich offen – eine gefährliche Situation für das bisher geführte Leben und gleichzeitig die Chance darüber hinauszuwachsen. Wenn uns das gelingt, wird unweigerlich wieder eine zuerst dünne, dann immer festere Schicht wachsen, bis wir uns darin eingerichtet haben, hoffend, dass es nun so bleiben würde. Doch der nächste Wachstumsschub kommt bestimmt und dann ist es gut für einen Hohlraum vorgesorgt zu haben, der mit frischem Wasser gefüllt werden kann. Oder wir lernen in unserem Leben beschützt offen zu bleiben und Veränderungen mit Selbstbewusstsein und Leichtigkeit herbeizuführen. Inspiration verleiht

uns das Wissen, wozu wir bestimmt sind. Dann können wir unsere Beschränkungen ablegen und wachsen, wie es uns entspricht, sogar über uns selbst hinaus. Wir können es schaffen, unser Leben zu einer Aneinanderreihung bester Augenblicke zu machen. Ich nenne das „die Inspiration leben".

Ich lade Sie nun auf eine der spannendsten Reisen ein, die Sie erleben können: Die Reise zu sich selbst. Meinen Startpunkt habe ich beim Thema Inspiration gefunden. Davon handelt dieses Buch. Ich lasse Sie an meinem Weg zur Inspiration teilhaben, der mit schönen Erlebnissen ebenso gepflastert ist wie mit immer wieder aufkommenden Zweifeln. Menschen mit unterschiedlichen Berufen und Zugängen werden über die Quellen der Inspiration in ihrem Leben erzählen. Das sind Gespräche, die aus der Frische des Moments entstanden sind, in denen das Nachdenken über ein nicht alltägliches Gebiet zwischen den Zeilen hörbar wird. Das Ermutigende daran: Inspiration ist kein Vorrecht der Künstler, kein Luxus, den wir uns nur dann leisten können, wenn es uns gut geht, kein abgehobenes Etwas, das mit unserem Leben und Arbeiten im 21. Jahrhundert nichts zu tun hat. Inspiration, so belegen die Interviews, ist eine treibende Kraft unseres Da-Seins, wert, viel bewusster und intensiver von uns gelebt zu werden. Sie beflügelt uns zu werden was wir sind. Dass sie ein Geheimnis ist, macht sie umso interessanter.

Die folgenden Seiten sind eine Annäherung an das Phänomen Inspiration, voll mit persönlichen Geschichten, die bewegen. Wie sich die Inspiration an vielen unterschiedlichen Orten in unterschiedlicher Form und Intensität und immer unbeabsichtigt zeigt, so habe ich auch den Stil dieses Buches gewählt: eine Mischung aus Reportage, Selbsterfahrungen, Interviews, Zitaten, Tagebucheintragungen, Fragen an den Leser, eigenen Texten und Fotos.

Mein Vorschlag an Sie: Starten Sie im Hier und Jetzt, ganz wie es Ihnen gefällt: Sie können das Buch Seite für Seite lesen oder je nach Kapitel, das Sie gerade anspricht, oder einfach intuitiv beim Durchblättern. Mein Routenplan hätte Folgendes vorgesehen: Wie sich das Thema Inspiration in mir und um mich entfaltet hat, erfahren Sie im Kapitel „Das Jahr der Wunder". Diese Chronologie der Inspiration erklärt aus einer beobachtenden Haltung heraus, wie alles kam und was sich dadurch in wunderbarer Weise für mich eröffnet hat.

In den anschließenden zwölf Kapiteln fasse ich Grundlegendes zusammen. Darin erfahren Sie unter anderem, wie Sie den Musen einen roten Teppich ausrollen können, wie inspirierend es wirkt, Ja zu sich selbst zu sagen, welche Rituale die Inspiration braucht und wie förderlich es für das Wirtschaftsleben ist, der Inspiration am Arbeitsplatz breiten Raum zu geben. Eigene

Erfahrungen werden Erkenntnissen und Erlebnissen meiner GesprächspartnerInnen gegenübergestellt und um essentielle Zitate aus für mich wichtigen Büchern zum Thema erweitert. Wie in einer Collage lassen die unterschiedlichen Beiträge und Statements neue Sichtweisen entstehen. Diese Technik wende ich auch für meine Fotos in diesem Buch an. Das Motiv ist nur der Ausgangspunkt für eine neue Kreation, die in jedem Betrachter eigene Assoziationen wecken kann. Dazu tragen auch die Fragen am Ende dieser Kapitel bei, die in der Ich-Form gehalten sind (mit diesem „Ich" sind natürlich Sie gemeint).

Im Gegensatz zu diesen „Short cuts" stehen in den nächsten elf Kapiteln ausführliche Interviews mit dem Waldorfpädagogen Wolfgang Schaffer, dem Lautenspieler Hopkinson Smith, der Hotelierin Karin Leeb, dem Stiftspfarrer Josef-Klaus Donko, der Weltnomadin Mila Baldi, den Haubenköchinnen Sissy und Stefanie Sonnleitner, dem Künstler Hanno Kautz, dem Chocolatier Josef Zotter, dem evangelischen Superintendenten Manfred Sauer, der Gründerin des Waldzell-Institutes Gundula Schatz und dem Lebensunternehmer Vjekoslav Martinko. Nehmen Sie sich etwas Zeit, um sich auf diese Gedankengänge und ihre Wirkungen einzulassen.

SOBETI – das 6-Stufen-Modell der Inspiration – ermöglicht Ihnen einen Blick auf das Ganze und ist hilfreich für das Verständnis der einzelnen Kapitel und vor allem für die Suche nach Ihren eigenen Inspirationsquellen und -mustern. Entsprechend meinem 6-Stufen-Modell können Sie Einblick in Ihre Inspirations-DNA bekommen. Hier sind die wichtigsten Fragen zu jeder Ebene zusammengefasst – ein Fragenkompendium, das Ihnen helfen kann, Ihren ganz persönlichen Inspirations-Code kennenzulernen.

Eine Liste mit Inspirationsquellen für dieses Buch inklusive Literatur- und Musikhinweisen steht am Ende dieser gemeinsamen Reise, die für Sie gerade beginnt.
Umfangreiche Weblinks finden Sie auf meiner Homepage www.haraldschellander.net.

Wenn Sie wollen, kann das alles in Ihnen etwas zum Klingen zu bringen, das längst schon da ist und nur noch das Volumen entwickeln will um von Ihnen gehört zu werden.

*Das Jahr der Wunder
– eine Chronologie
der Inspiration*

„Wir leben auf einem laufenden Band und es gibt keine Hoffnung,
dass wir uns selber nachholen und einen Augenblick unseres Lebens verbessern können.
Wir sind das Damals, auch wenn wir es verwerfen, nicht minder als das Heute.
Die Zeit verwandelt uns nicht.
Sie entfaltet uns nur.
Indem man es nicht verschweigt, sondern aufschreibt, bekennt man sich zu seinem Denken,
das bestenfalls für den Augenblick und für den Standort stimmt,
da es sich erzeugt. (...) Schreiben heißt: sich selber lesen."

Max Frisch[1]

Seit einigen Jahren habe ich mir angewöhnt, Ideen, Ereignisse, Merkwürdigkeiten zu notieren. Zuerst in großen Abständen, ab Weihnachten 2006 mit gewisser Regelmäßigkeit. So war es mir möglich, meine Inspiration zur Inspiration beinahe chronologisch nachzuvollziehen. Was da alles abgelaufen ist, wurde mir erst mit dem beobachtenden Blick aus der Distanz bewusst. Auslösender Moment war die schwere Erkrankung meines Schwiegervaters, dem die Ärzte keinerlei Chance auf Genesung mehr gaben. Von dieser Zeit und allem, was sich dabei für mich aufgetan hat, will ich hier in einer Parallelstruktur erzählen – links die Krankengeschichte, rechts meine Öffnung zur Inspiration.

*Die Themen klingen an*

Weihnachten 2006
Dieser Kontrast der Weihnachtsfeiern: In meinem Elternhaus die Überfülle der Geschenke, das Scherzen meiner Nichten und des Neffen, meine glücklichen Eltern in diesem jungen Kreis. Später bei meinen Schwiegereltern: das Singen, die Lesung, die Besinnung, der Schmerz über die Abwesenheit des Vaters, der mit Herzproblemen im Krankenhaus liegt.

Mein Schlaf – unruhig. Ich erwache durch das Gefühl eines Erdbebens – das Bett wackelt, doch Marianne rührt sich nicht, auch der Raum und die Dinge darin stehen still.

28. 12.
Schwiegervater ist wieder zu Hause. Bis Mitte Jänner, dann wird er am Herzen operiert – Bypass. Hoffentlich gelingt es ihm und meiner Schwiegermutter zurückzuschalten, loszulassen, zu genießen. So wie Marianne und ich das täglich tun, mit viel Wertschätzung, Achtsamkeit und Liebe füreinander.

Am Abend ins Kino. Meine Tochter Marie kommt spontan mit. Es läuft „Babel" – eine Parabel vom Leben und (fast) Sterben, von Verantwortung und Zufall, von Hilfe und Last, von Sprache und Sprachlosigkeit, von Symbolen und Medien, letztlich von Hoffnung, die – trotz allem – bleibt. Tief bewegende Bilder, die sich festsetzen, obwohl ich das eigentlich nicht will...

**31. 12.**
Was wird für mich bleiben von diesem Jahr? Was ist mir gelungen, woran muss/darf ich noch arbeiten? Zum ersten Mal fühle ich mich auch im Urlaub zu Hause wohl, kann die Wohnung genießen, abschalten, von hier ausströmen ins Umland, eine Qualität, die ich beibehalten will. Diese „Auszeit" im persönlichen Umfeld lässt tiefe Einsichten zu, weil alles da und bekannt und Zeit für die Beschäftigung mit dem Wesentlichen ist. Gleichzeitig spüre, nein weiß ich, dass mein Weg hin zu ganzheitlichen Formen der Begleitung von Menschen und Organisationen geht. Ich werde offen sein für die richtigen Kontakte, Ideen, Netzwerke, Fähigkeiten. Sie werden mich zu meinem Ziel begleiten.

**06. 01. 2007**
Klangschalen-Workshop. Ich empfinde, wie gut ich mich durch die Klangschalen ausdrücken kann und wie heilsam das gleichzeitig für mich ist. Die letzten beiden Wochen fügen sich hier zusammen. Viele meiner Wünsche, Gedanken, Visionen, Ziele, klingen wieder an, bekommen eine neue Tönung, neue Bedeutung...

*Auf einmal wird alles anders*

**16. 01.**
Schwiegervater kommt ins Krankenhaus und wird auf die Bypass-Operation vorbereitet.

**17. 01.**
Marianne besucht den Vater abends. Kurz zuvor wurde ihm erklärt, dass die Operation lebensgefährlich sein kann. Er unterschreibt den Freibrief für die Ärzte. „Was sein soll, wird sein", meint er. „Es wird schon gut gehen", ermuntere ich die sehr verunsicherte Marianne daheim. Wir beten.

18. 01.
Die Operation dauert sieben Stunden, drei Stunden länger als geplant. Endlich dürfen wir in die Intensivstation. Eine Schwester bereitet uns auf den Anblick vor. Nur zaghaft wagen wir uns an die Apparaturen heran, unter denen kaum sichtbar der Vater liegt. Das Warten auf den Arzt. In ein paar Minuten auf dem Gang erklärt er uns den Verlauf der Operation, großteils im Fachjargon. Wir verstehen die Hälfte nicht, nur soviel: Die Aorta war wesentlich stärker verkalkt als angenommen. Es könnte sein, dass Kalkstückchen ins Gehirn gelangt sind. Die Folgen sind noch nicht absehbar und reichen bis zum Schlaganfall. Es kann noch lange dauern, bis er über den Berg ist. Die Schwester fragt nach der Telefonnummer, unter der sie uns im Fall des Falles erreichen kann. Wir kommen heim und weinen. Wie sagen wir es der Mutter, den Geschwistern? Wie gehen wir selbst damit um, dass ein Familienmitglied, für uns zum ersten Mal in unserem Leben, so nahe und so ganz bewusst miterlebbar, sterben könnte? Irgendwie schaffen wir die Telefonate und vereinbaren mit allen, dass wir ab heute täglich um 7 Uhr und 18 Uhr für den Vater beten, jeder wo er gerade ist. Wir zünden zwei Kerzen an – eine stellen wir ins Fenster, die andere auf den Küchentisch – und beten.

20. 01.
Die Situation ist nahezu unverändert. Zweimal täglich schauen Marianne und ich, weil wir am nächsten von allen dran sind, ins Krankenhaus, informieren dann die Angehörigen oder werden angerufen. Der mögliche Tod bestimmt unser Leben.

Am Nachmittag, ich bin allein zuhause, greife ich plötzlich zu meinem Tagebuch und einem Kugelschreiber. Ich muss schreiben, ich werde geschrieben. Mein erstes Gedicht seit langem entsteht, ohne dass ich viel dazu tun muss. Ich spüre, dass sich Schleusen öffnen. Als ich fertig bin, lese ich:

*Vielleicht*

Vielleicht denkt ihr,
ich hätte noch bleiben sollen.
Damit ich mit euch an sonnigen Tagen
unter dem Apfelbaum im Hof sitzen kann.

Vielleicht denkt ihr,
ich bin viel zu früh gegangen.
Ich ging, als es am schönsten war
mit euch, für euch und auch für mich.

So viel hätte ich euch noch sagen mögen.
Was ich nicht sagen konnte,
ihr habt es jetzt für mich getan –
durch eure Tränen, eure Zärtlichkeit.

Ich danke euch.
Ich gehe jetzt viel leichter.

Ihr bleibt.
Trauert um mich, doch nicht zu lange.
Ich lebe in euren Gedanken.
Und ihr?
Lebt im Jetzt!


24. 01.
Wieder entsteht ein Gedicht – meine Art, die täglichen Krankenhausbesuche und die Erlebnisse dort aufzuarbeiten:

26. 01.
Das Leben geht weiter, nun weiß ich, was dieser Spruch wirklich bedeutet. Nach acht Tagen Intensivstation ist klar geworden, dass der Schwiegervater einen Schlaganfall erlitten hatte und auf der rechten Seite gelähmt ist. Er kann nicht sprechen, kann sich nicht bewegen, schaut uns an, aber scheint uns nicht zu erkennen. Natürlich sprechen wir mit ihm, erzählen ihm von unserem kleinen Alltag, berühren ihn. Dazwischen zahllose Diskussionen mit Ärzten, Schwestern, Pflegepersonal. Sie machen uns Mut und berichten von ganz schweren Fällen, die es auch geschafft haben. Wir gehen unserer Arbeit nach, sind froh, dass wir sie haben. Marianne fährt täglich zur Mutter, ist meist mittags beim Vater, abends bin ich dort. Gebetet wird nach wie vor, von Mutter, Geschwistern und mir zu den vereinbarten Zeiten.

*Auf Wiedersehen*

Du reist nun in ein fernes Land,
von uns hat's keiner noch gesehen.
Wo wir noch bangen vor der Wand,
beginnst du schon zu verstehen.
Nichts Erdenschweres begleitet dich dorthin,
fort trägt dich alles Leichte deines Seins.
Wir lassen Erinnerungen vorüberzieh`n,
und bleiben über alle Grenzen eins.

29. 01.
Heute ist Mariannes Geburtstag. Wir feiern, dass wir uns haben und diese Zeit gemeinsam durchstehen können. Alleine wäre das unendlich schwerer.

*Der Fokus ändert sich*

02. 02.

Um 6.30 Uhr ziehe ich mich für den Morgenlauf auf dem Kreuzbergl an. Auf der Kommode im Vorzimmer liegt der Fotoapparat. Ich nehme ihn mit, was ich noch nie zuvor um diese Zeit gemacht habe. Die Lichtverhältnisse sind gut. Bei meinem Aufstieg beginne ich ganz beiläufig zu fotografieren. Aus diesem Blickwinkel, mit dem Fokus auf einen Ausschnitt vom Ganzen, zeigt sich mir die so wohlbekannte Strecke vollkommen neu. Freilich war die Buchenallee unter der Sternwarte schon da. Aber die Muster in ihren Rinden, diese Ritzungen und Verletzungen, sehe ich erst in diesem Moment. Besonders sprechen mich die Herzen an. Das Herz war jetzt für mich einige Wochen lang ein Schwerpunktthema, weil ich an einer Kampagne gegen den Herztod gearbeitet habe, von der aktuellen Krankenhausgeschichte einmal ganz abgesehen. Einige Herzen sind über die Jahrzehnte mit den Bäumen mit gewachsen, sodass die Initialien nicht mehr erkennbar sind. Manche Rinden tragen Muster, die an abstrakte Malerei erinnern. Nach Hause komme ich viel später als sonst, die Zeit ist regelrecht verflogen. Mit Abstand betrachte ich meine Ausbeute auf dem Display. Irgendwie spüre ich, dass ich etwas Besonderes entdeckt habe und diese fotografischen Fundstücke auch anderen zugänglich machen will.

04. 02.
Als ich wieder Baumherzen fotografiere, spricht mich eine Spaziergängerin an. Sie erzählt mir, dass sie einmal am Kreuzbergl einer alten Frau im Rollstuhl begegnet sei, die an einem Baumstamm hochsah. Auf die Frage, was Sie denn da suche, antwortete die betagte Dame: „Da oben, da ist das Herz, das mir mein Mann vor vielen Jahren in den Baum geritzt hat."

05. 02.
Intensivstation

Das Laken bedeckt dich nur notdürftig. Chirurgen haben über deinen Körper ein Schnittmuster gezogen. Alte Narben über der linken Niere, über den beiden Knien. Frische, vom Blut noch rote Narben über deinem Herzen und dem linken Bein. Fast jeder Teil von dir hängt an einer Kanüle, einem Katheder, einem Schlauch, die zu blinkenden Geräten führen. Pfleger wachen über jedes unregelmäßige Flackern, jeden zu lang anhaltenden Ton. Und trotzdem lächelst du, als ich in dein Blickfeld trete. Du gibst mir den Mut, den du selber dringender brauchst.
Ich plaudere darauf los. Versuche dir Alltag zu vermitteln, dich zurückzuholen aus deiner Zeitlosigkeit, in der es nur um das Überleben geht. Mit deiner linken Hand – die rechte ist seit der Operation reglos geblieben – wanderst du an meinem Arm auf und ab. Deine Hand sucht meine und deutet mir, ich glaube es kaum, zu schweigen.

Du beginnst zu erzählen. Deine Lippen bewegen sich ohne einander zu berühren. Ich sehe, wie es dich anstrengt. Wie gerne würde ich verstehen, was du mir sagen willst! Mehr als dein Mund sprechen deine Augen, die vor Dankbarkeit übergehen.
Ist es das, was du meinst?

Plötzlich nimmst du meinen Pullover genau an jener Stelle zwischen deine Finger, die ich beim Abendessen angepatzt habe. Du deutest darauf und lachst. Wie du lautlos lachen kannst!
Und ich lache mit dir, denn die Flecken sind klein und doch hast du sie gesehen!

Deine Augen werden schmal. Dein Blick wandert, wer weiß wohin. Meine Gute-Nacht-Wünsche hörst du noch, nickst unmerklich. Ich will gar nicht daran denken, wie es weiter geht. Du hast mich heute beschenkt. Das reicht für eine Nacht voll Hoffnung.

15. 02.
Nun ist auch mein Papa im Krankenhaus! Sein chronischer Husten hat sich stark verschlimmert. Musste er erst so schwer krank werden, dass ich mich mehr um ihn und nun auch um meine Mutter kümmere? Wie immer war kein Wort des Vorwurfes zu hören, im Gegenteil: Starke Anteilnahme am Geschehen rund um den Schwiegervater. Jedenfalls ein Hinweis, meinen Fokus verstärkt auf Mama und Papa zu lenken.

*Schweben und schwingen*

17. und 18. 02.
Start meiner Ausbildung zum Klangtherapeuten. Der Workshop am 6. Jänner hat mir den Impuls gebracht, mit Hilfe der Klangschalen tiefer in mich hineinzuhören. Und diese beiden Tage bestätigen mich, dass die Intuition mir wieder einmal den richtigen Weg gewiesen hat. Ich habe bisher keine Methode kennen gelernt, die mich so angenehm in mein innerstes Selbst führt, bloß durchs Zulassen und Mitschwingen.

Dieser Schwebezustand hält auch noch an, als ich mit dem Auto Richtung Klagenfurt fahre. Mit dabei sind meine ersten eigenen Klangschalen. Zwei nehme ich mit hinauf in das Intensivstationszimmer. Diesmal teile ich mich auch durch Klang mit. Wenn ich rede, weiß ich nie, ob irgendetwas beim Schwiegervater ankommt. Doch beim Klang der Schalen lauscht er, schaut her, wird ruhiger, schließt tatsächlich die Augen, schläft ein bisschen. Die Krankenschwester fragt mich: „Könnten Sie das bitte öfters machen?"

20. 02.
Was beim Schwiegervater wirkt, wird erst recht meinen Eltern gut tun. Papa wurde bereits aus dem Krankenhaus entlassen, hustet aber nach wie vor heftig. Nach der Arbeit packe ich am Abend Klangschalen, Gong, Zimbel und verschiedene Schlegel ein und werde zum fliegenden Therapeuten. Bei Tee und Kuchen tausche ich mit meinen Eltern Neuigkeiten aus. Dann wird das Wohnzimmer zum Klangraum umfunktioniert. Papa liegt links von mir auf seinem Bett, Mama rechts auf dem roten Ledersofa, beide sind gut zugedeckt. Vom Couchtisch, den wir weggetragen haben, sind die Eindrücke des Eisengestells im Teppich zu sehen. Darüber habe ich mein Werkzeug ausgebreitet, genau in der Mitte des Zimmers. Beide schließen die Augen, ich schlage den ersten Ton an. Auf diese Weise kommuniziere ich zum ersten Mal mit meinen Eltern.

Alle sind stumm und geben einander doch unendlich viel. Der Klang verbindet und entspannt uns und jede unserer Zellen. Papa hüstelt nach wie vor – am stärksten, als ich die Herzschale im Brustbereich auflege, da löst sich einiges. Zum Abschluss schlage ich dreimal die Zimbel an. Regungslos warte ich, bis der letzte Ton verklungen ist und beginne leise meine Sachen zusammenzupacken. Mit meinen Eltern habe ich zuvor ausgemacht, dass sie noch zehn Minuten zum Nachklingen liegen bleiben. Beide blinzeln her, nicken und senden mir Blicke voll Dankbarkeit.

21. 02.
Gleich in der früh ist meine Mutter am Telefon. „Du wirst es nicht glauben, Papa hat heute das erste Mal ohne Husten durchgeschlafen."

28. 02.
Marianne und ich haben einen Hilferuf zu den Geschwistern nach Wien gesendet, damit wir nun an den Wochenenden etwas entlastet sind. Einmal wöchentlich, so nehme ich mir vor, mache ich jetzt Klangmassage für die Eltern.

Im April
Eines Tages erfährt Marianne in der Intensivstation, dass ihr Vater in die Medizinische Geriatrie verlegt wurde. Einfach so.
Vollgepumpt mit Sedidativa hatte man ihn in diese Abteilung gebracht, mit denkbar schlechten Aussichten. Der Oberarzt sagt schonungslos, dass Schwiegervater nie mehr essen, sprechen oder gehen können wird. Höchste Pflegestufe – ein ernster Fall, der nur mehr von einer einzigen Station aufgenommen werden kann, und die ist der Geriatrie angeschlossen. Die ersten Gespräche mit der Sozialhelferin werden geführt. Ungeachtet dieser Prognosen tut die Familie auf allen Ebenen, was sie kann: Homöopathische Tropfen werden besorgt und verabreicht, obwohl die Ärzte nichts davon halten. Das Morgen- und Abendgebet wird weiterhin gesprochen. Die täglichen Besuche reißen niemals ab. Sohn Wolfgang nimmt sich eine Woche frei und übt mit dem Vater Chirophonetik. Eines Morgens kommt er in das Krankenzimmer und der Vater begrüßt ihn mit „Wolfgang". Durch die Kanüle ist das ganz deutlich hörbar. Immer öfter spricht der Vater jetzt. Zuerst noch ungeordnet, wie aus einer anderen Welt. Doch mit jedem Gespräch erinnert er sich ein Stück weiter an sein Dasein.
Die ersten Schluck- und Essversuche folgen. Die Hoffnung wächst, dass der Vater doch wieder zurückkehrt. Ein bisschen wenigstens.

24. und 25. 03.
Beim Klangworkshop Nummer Zwei ist ein Thema unter anderem die Sterbebegleitung. Der Klang wird gehört, auch wenn es keine Reaktion mehr geben sollte. Klang gibt Hoffnung.

*„Das Chaos zulassen! Mut!"*

Schauplatz: Der Klostergarten des Stiftes Niederaltaich in Bayern. Am Ende eines Kreativitäts-Workshops haben wir im Schatten der Bäume einen Stuhlkreis aufgestellt. Ich bin einer der Seminarteilnehmer in dieser Runde, der Mitarbeiter aus der Entwicklungsabteilung von BMW ebenso angehören wie Universitätsprofessoren, Künstler, Unternehmer. Nun ist es für jeden an der Zeit, ein Resümee zu ziehen. Ich erinnere mich an die letzten drei Tage: Wie ich zu einem Objekt aus dem Stegreif eine haarsträubende Kriminalgeschichte zu erfinden hatte, wie ich aus am Straßenrand liegenden Narzissen und einer alten Lampe ein „Kunstwerk" gestaltete, wie ich unter Einsatz des gesamten Körpers malte, wie ich in kurzer Zeit mit zwei Kollegen ein Theaterstück zum Thema Liebe auf die Bühne brachte und selbst den Erzähler spielte. In meinen Seminarunterlagen habe ich den Satz „Durch Kreativität das Chaos zulassen! Mut!" unterstrichen. Und diesen Mut nehme ich nun auch zusammen, um der Runde jene Mitteilung zu machen, die ich später so in meinem roten Büchlein zusammenfasse:

03. 05.
Gegen 10.15 Uhr läutet das Festnetz-Telefon. Ich überlege, ob ich mich noch melden soll, weil ich schon zu spät für meinen nächsten Termin bin. Am Display erkenne ich die Nummer des Krankenhauses und hebe ab. Es ist der betreuende Arzt. Der Zustand des Schwiegervaters habe sich in den letzten Stunden stark verschlechtert. „Wenn Sie ihn noch lebend sehen wollen, sollten sie schnell kommen." Nach einer Schockminute fällt mir ein, dass ich nun alle anrufen muss. Marianne, die gerade Unterricht hat, reagiert erstaunlich gefasst. Auch die Schwiegermutter und Geschwister in Kärnten und Wien kann ich informieren, sie fahren so rasch als möglich los.
Meinen Kundentermin verschiebe ich. Marianne

Ich habe „Ja" gesagt
zu meiner Zukunft
mit Klang,
mit Kreativität,
weil es klingt in mir,
weil es raus will,
weil es –
einfach so –
erfolgreich sein wird.

Jetzt habe ich es also kundgetan der ganzen Welt und vor allem mir selbst. Was das genau bedeutet, ist mir noch nicht klar. Ich weiß bloß, dass etwas in meinem Innersten in Bewegung geraten ist und nun seine Eigendynamik entwickeln darf.

Bei diesem Workshop werde ich auf ein Buch aufmerksam, das ich dem Namen nach bereits kannte, dem ich aber bisher zu wenig Bedeutung geschenkt hatte, um es tatsächlich zu kaufen. „Gespräche mit berühmten Komponisten" heißt es und wurde vom amerikanischen Journalisten Arthur M. Abell an der Wende des 19. zum 20. Jahrhundert verfasst. Diesmal werde ich es bestellen!

und ich machen uns auf das Schlimmste gefasst, als wir das Zimmer in der Geriatrischen Abteilung betreten. Der Arzt und eine Krankenschwester sind da. Aus dem Bett blickt uns der Vater erstaunlich munter entgegen. „Das verstehe ich nicht", sagt der Arzt und misst zum wiederholten Mal den Blutdruck. „Noch vor zehn Minuten hätte ich gesagt, er stirbt. Doch jetzt normalisieren sich die Werte wieder." Wir versuchen, uns und die Situation etwas zu beruhigen, was schwer fällt, weil die Geschwister anrufen und über den neusten Stand informiert werden wollen. Schließlich stehen wir alle wieder rund ums Bett und reden dem Vater gut zu. Durch die Kanüle, die in seinem Kehlkopf steckt, hören wir so etwas wie „Dann haben wir also beschlossen..." Pause. Wir fragen nach: „Was haben wir denn beschlossen?" „Dann haben wir beschlossen", wiederholt der Vater, „dass es also weitergeht." Wir lachen erleichtert.

## *Ein Buch als Inspirationsquelle*

07. 05.
In dem Buch „Gespräche mit berühmten Komponisten" lese ich, was die von mir so geliebten Komponisten Richard Strauss, Johannes Brahms, Giacomo Puccini oder Edvard Grieg über die Entstehung ihrer Meisterwerke erzählten. Damit wächst meine Begeisterung am Thema Inspiration. Besonders fasziniert bin ich von der Schilderung Engelbert Humperdincks, dem Richard Wagner die Geheimnisse seiner Kompositionsweise anvertraut hatte. „Eine wichtige Tatsache habe ich entdeckt: Nicht die Willenskraft, sondern die Phantasie, die Vorstellungsgabe wirkt schöpferisch. Vor meinem geistigen Auge sehe ich klar die Helden und Heldinnen meiner Musikdramen. Ich habe ein bestimmtes geistiges Bild von ihnen, bevor sie in meiner Musik Gestalt annehmen ...", wird Richard Wagner zitiert.

Mitte Mai
In dieser Zeit – wann, kann ich interessanter Weise nicht genau nachvollziehen – habe ich bei einer morgendlichen Wanderung am Kreuzbergl eine – meine – Inspiration. Wieder einmal memoriere ich mein Mission Statement, das ich im Lauf meiner Coaching-Ausbildung formuliert hatte, diesmal aber offensichtlich mit einem anderen Bewusstsein: „Liebevoll und erfolgreich inspiriere ich Menschen ihren Weg zu finden und zu gehen. Ich mache das als Berater, Trainer, Coach und Autor." Da steckt doch das Wort „inspirieren" drin, das ich von „Spiritualität" abgeleitet hatte! Ist doch klar, ich schreibe ein Buch über Inspiration! Fast 100 Jahre nach Arthur M. Abell ist es höchste Zeit dafür. Auch die Grundidee steht im gleichen Moment fest:

Die Basis werden Interviews mit Menschen aus unterschiedlichen Berufen und Lebensbereichen sein. Wieder daheim erstelle ich meine Wunschliste mit den InterviewpartnerInnen.

18. 05.
Mein Geburtstag, das 49. Jahr beginnt.

20. 05
Erstes Interview für mein Buch mit meinem Schwager Wolfgang Schaffer am Längsee: Genau gegenüber jener Stelle im Garten des Stiftes St. Georgen, wo ich im Jahr 2002 mein Mission-Statement in die Welt gerufen habe.

*Bewegung kommt ins Bild*

22. 05.
Weil mein morgendlicher Übungsplatz am Kreuzbergl besetzt ist, zieht es mich zu einem Ort, an dem ich noch nie zuvor gewesen bin. Die Kamera ist, wie nun immer, mit dabei. An einem morschen Baum entdecke ich einen knallgelben Pilz. In einer Art Tanz rund um dieses Motiv entstehen unzählige Aufnahmen aus verschiedensten Positionen, in Micro- und Macroeinstellungen, scharf und unscharf gestellt.

Mai und Juni werden zu Monaten intensiven Fotografierens, meist zu meiner bevorzugten Morgenstunde. Motive für die Verfremdungen, die mich am meisten faszinieren, sind zum Beispiel Rinden, Pflanzen, Licht- und Schatteneffekte. Auf einer Paris-Reise sprechen Marianne und mich Claude Monets Seerosenbilder in der Orangerie besonders an.

03. 06.
Meinem Schwiegervater wird es schon langweilig im Krankenhaus. Daher überredet er einen Pfleger, mit ihm auch am Sonntag im Übungssaal das Gehen zu trainieren. Im vergangenen Monat hat er eine schier unglaubliche körperliche und geistige Entwicklung durchgemacht – zur Verwunderung des betreuenden Personals in der Geriatrie, zur großen Freude der Familie. Wie viel leichter das Leben jetzt wieder für alle ist! Natürlich bleiben Zweifel, ob es der Vater schaffen wird. Doch durch das tägliche Beten überwiegt weiterhin die positive mentale Ausrichtung.

12. 06.
Schwiegervater wird aus dem Krankenhaus entlassen. Daheim angekommen, stellt er den Rollstuhl in die Ecke und geht nur mehr am Stock auf und ab.

Wenige Tage später beginne ich Seerosen auf einem nahe gelegenen Teich zu fotografieren und das über mehrere Wochen zu verschiedenen Tageszeiten. Parallel dazu entwickle ich eine Technik, die Fotos grafisch zu Serien zu montieren. Auf diese Weise entsteht auch die „Hommage á Monet", bei der ich Fotos mit Ausschnitten aus Monets Bildern mit meinen Seerosenfotos collagiere.

21. 06.
Notiz in meinem Terminkalender: „Super Tag für Inspiration! Viele Termine vereinbart!"

Sommer und Herbst 2007
Auf längeren Urlaub verzichten wir in diesem Sommer. Zu sehr nimmt mich die Arbeit an meinem Buchprojekt gefangen. Weit weg zu reisen interessiert mich diesmal gar nicht. Ich überlasse mich – neben meiner Arbeit in der Agentur – ganz dem Strom der Interviews und der vielen An- und Verknüpfungen, die sich daraus ergeben. So entsteht wie von selbst eine Reise der Inspiration, die mich zu ganz besonderen Menschen und Orten, letztlich aber zu mir selbst führt.

*Die Inspiration entfaltet ihre Kraft*

08. 10.
Meine Schwiegermutter trifft auf einem Wiesenmarkt eine Krankenschwester aus der Geriatrie. Vorsichtig fragt diese nach, wie es wohl dem Vater gehe. „Der schaut sich gerade bei den Landmaschinen um", erzählt die Schwiegermutter. „Na, das gibt's ja nicht, das kann ich einfach nicht glauben, das muss ich sehen!" Gemeinsam suchen sie den Schwiegervater. Sie finden ihn mitten in der Traktor-Ausstellung. Die Krankenschwester fällt ihn um den Hals. „Das ist wirklich ein Wunder", sagt sie mehrmals unter Tränen.
Inzwischen fährt Schwiegervater wieder Auto, nicht weit, aber doch, um seinen Wald und die Felder zu sehen oder die Schwiegermutter in die Kirche zu bringen. Die Lähmung seiner rechten Körperseite hat sich gebessert. Täglich macht er Spaziergänge, vormittags und nachmittags. Er erzählt wieder Witze und kennt die Spielchen, um seine Frau manchmal aus der Fassung zu bringen. Die Pflegerinnen vom Roten Kreuz, die in der ersten Zeit zweimal täglich kommen, braucht er jetzt nur mehr einmal die Woche. Die Jüngste von ihnen, Monika, ist am Hof Fritzi, dem Bauern, begegnet.

16. 10.
Sprachaufzeichnung mit dem Handy:
Unter der Dusche war die endgültige Idee geboren, wie mein Inspirationsbuch gegliedert sein soll. Es wird ein Tagebuch der Inspiration. Ich mache nachvollziehbar, wie ich zu Inspiration kam, was mir auf den Weg gelegt wurde, was ich entdeckt habe und baue das wirklich chronologisch auf, wodurch es dann eigentlich wieder... unlogisch wird. Und das könnte dann eben diese Mischung sein, die ich mir wünsche – viele Blitzlichter, die beim Leser ein Ganzes ergeben oder auch brüchig bleiben können.

18. 10.
Schön langsam muss ich aufpassen, dass ich mich nicht selbst überhole. In den letzten drei Tagen geschieht alles gleichzeitig: Die Erkenntnis, wie das Buch aufgebaut sein soll, hat dazu geführt, dass ich tatsächlich meinen Weg zur Inspiration nachzeichne. Notizbücher, Seminarunterlagen, Foto-CDs und Speicherkarten verteilen sich bereits über zwei Räume, dazu stapeln sich die Bücher. Gestern habe ich bis Mitternacht die Fotos für das Kartenset, das ich als Weihnachtsgeschenk herausgeben will, gesichtet. Zudem arbeite ich – wie ja die ganze Zeit – für meine Kunden. Und parallel dazu schreibe ich die aktuelle Chronik mit, weil sich hier irgendwie ein weiterer Sinneskanal geöffnet hat, der die Achtsamkeit für das, was mir begegnet, erhöht. Ich schwebe, fließe – ein Zustand, den ich zwar kenne, aber nicht in dieser Dauer und Intensität. Das alles hält mich nicht davon ab auf den Punkt zu kommen, im Gegenteil: Alles geht schneller. Die Puzzleteile aus vielen Jahren passen nun zusammen.

25. 10.
Ich habe mein neues Firmenlogo ausgewählt. In diesem Jahr hat sich so viel getan, dass ich auch einen nach außen sichtbaren Schritt für diese Veränderungen tun will. Ich brauche keinen Phantasie-Agenturnamen mehr, ich nehme meinen. Das Logo ist jenes, das mich als erstes unter allen Entwürfen angelacht hat. Der von Marianne gemalte bunte Adler, die Metamorphose meines bisherigen Agentur-Logos, steht nun ganz für sich auf weißem Grund. Darunter mein Name – mit dem zusätzlichen J. (für Josef, wie mein Vater) exakt unter dem Adler und meine drei Arbeitsschwerpunkte communication, creation, inspiration – verbunden durch Punkte.

24. 12. 2007
Weihnachten. Am Nachmittag, den ich vor der Fahrt zu meinen Eltern und Geschwistern alleine verbringe, setze ich mich an den Laptop und filtere aus meiner Chronologie der Inspiration den Text „Das Jahr der Wunder" heraus. Diesen möchte ich am Christtag der versammelten Schwiegerfamilie vorlesen. Wir alle werden uns gemeinsam erinnern können, nur der Schwiegervater nicht. Denn er war weit weg und ist jetzt wieder da.
Ich schreibe die letzten Zeilen:
Mit seiner Familie und den beiden Frischverliebten Monika und Fritzi feiert Schwiegervater Weihnachten. Es gibt Wurst mit Sauerkraut, Hausmusik und sicher ein paar gute Witze, die nur „Vati" so unnachahmlich erzählen kann…

Der letzte Punkt nach Inspiration ist rot wie das Zentrum des Adlers. Einfach, klar, fokussiert auf das Wesentliche.
Wie meinte eine Freundin, die den Namen numerologisch berechnet hat? Das J. steht für die Meisterschaft, die es zu erlangen gilt. Ich spüre schon die Energie in diese Richtung, es zieht und schubst mich gleichzeitig dorthin!

*Wegfahren*

17. 04. 2008
Ein Regionalexpress bringt mich von Klagenfurt Hauptbahnhof nach Mariahof-St. Lambrecht. Umsteigen in Friesach und Busfahrt von Mariahof nach St. Lambrecht eingerechnet, bin ich etwa eineinhalb Stunden unterwegs. Das Loslassen von der Arbeit will nicht gleich gelingen. Kaum im Zug, meldet sich mein Steuerberater am Handy. Die laufende Prüfung durch das Finanzamt sei knapp vor dem Abschluss. Wie viel ich nachzahlen muss, wisse er noch nicht. Bis zu meiner Rückkehr habe er es zusammen gerechnet. Was für ein schöner Einstieg für diese Reise…
Von Station zu Station zuckelt der REX, hält an Orten, die ich nicht einmal dem Namen nach kenne. Mitten im April ist es saukalt wie im Winter, der uns in der im Kalender dafür vorgesehen Zeit heuer verschont hatte. In Mariahof kann ich den Buschauffeur noch stoppen. Er wollte wegfahren, ohne auf die Fahrgäste des Zuges zu warten. Ich bin und bleibe der einzige Gast auf der kurvenreiche Strecke. Es hat geschneit bis knapp 1000 Meter Seehöhe. Neun Minuten später erreiche ich das Ziel meiner Reise. Mein Trolley macht einen Höllenlärm auf den Pflastersteinen, die vom mächtigen Eingangsportal über den Innenhof zur Klosterpforte führen.

*Ankommen*

Ein Zeichen der Inspiration? Zum Mittagessen im Konvent der Benediktinermönche wird Buchstabensuppe serviert. Welche Worte lese ich aus dem Löffel? Geben sie Hinweise auf die Aufgabe, die ich mir selbst gestellt habe und für die ich ein paar Tage Auszeit im Stift St. Lambrecht nehme? Jenem abgeschiedenen Platz mitten im Naturpark Grebenzen, den ich vor vielen Jahren entdeckt habe und der mir seither immer wieder Inspirationsquelle war. Bleibe für die Nacht bietet mir das Kreuzgangzimmer, ein einfacher, hoher Raum mit Gewölbe, einsam im von Primeln übersäten Innenhof gelegen. Für den Tag (und wer weiß bis wie spät in die Nacht?) durfte ich mich in einem majestätischen Raum einrichten, der von den alten Holzdielen bis zur Stuckdecke rundum mit Landschaften bemalt ist. Während ich aus den Fenstern in das Ortszentrum und auf die Berge schauen kann, eröffnen sich mir an den Wänden Ausblicke auf Teiche, Flüsse, Wasserfälle, auf Schlösser, Villen, Ruinen und auf eine Außenansicht des in die Natur eingebetteten Stiftes. Alles atmet Leichtigkeit, denn über zwei Drittel der Fläche spannt sich hellblauer Himmel.

Hier werde ich dieses Buch fertig schreiben; zusammenführen, was ich im letzten Jahr gesammelt habe; an den derzeit noch losen Textcollagen feilen, bis sie rund sind und sich zum Ganzen fügen. Für diesen Moment der großen Erkenntnis lege ich mir die CD mit Beethovens 9. Symphonie zurecht.

Hilfreich bei meiner Arbeit könnte die strenge Zeitstruktur der Mönche sein, die sich immer um 6, 12 und 18 Uhr zum Gebet treffen. Beim anschließenden Essen im Konvent kann ich mitten unter ihnen sein, zur linken Hand des Abtes, kann zuhören, mitreden, Neues erfahren … und wenn ich will in der Buchstabensuppe lesen.

*Da-Sein*

Alle Höhen und Tiefen durchlebt.
Das Wetter: Schnee, Wolken, Gewitter, Frühlingssonne, Nebel und wieder Sonne.
Das Essen, üppig klösterlich: Suppe, fleischreiche Kost (gebackenes Rehschnitzerl am Sonntag), keine Nachspeisen außer Obst, doch Esterhazyschnitte, auch sonntags.
Das Schlafen: Eingestellt auf absolute Ruhe in meinem Kreuzgangzimmer, überrascht mich in der ersten Nacht der Lärm einer ausgelassen feiernden Jugendgruppe im angrenzenden Klostertrakt. Ruhe und tiefer Schlaf in der zweiten Nacht. Der Kampf mit meiner inneren Unruhe in der dritten Nacht (Wozu tue ich mir das an? Hat das alles einen Sinn?). Immer als Letzter betrete ich nachts den Kreuzgang. In manchen Räumen der Klausur ist noch Licht, zu wenig um den Gang zu meinem Zimmer auszuleuchten. Das Umdrehen des Schlüssels klingt ungehörig laut, auch am Morgen, wenn ich das Zimmer wieder verlasse, abermals alleine auf meinem Weg.
Das Schreiben: Zeit- und raumlos stelle ich ein Kapitel nach dem anderen fertig, getragen von unerschöpflich scheinender Energie, ganz konzentriert auf meine Aufgabe. Noch nie zuvor ist es mir gelungen, so intensiv an einer Arbeit dranzubleiben, nach keinen Ablenkungen suchend, die kurzen Essenspausen ausgenommen. Innerhalb der strengen Zeitstruktur des Klosterlebens bin ich ein freies Element. Kaum planbar ist der Fluss des Schreibens, deshalb nehme ich mein Essen nun meist in der Gästestube ein.
Das Ergebnis: Ich komprimiere und lege zusammen, was thematisch verwandt ist. Aus 48 Dateien entfalten sich langsam die 26 Kapitel. Die Hauptbotschaft des Buches kann ich nun formulieren: Inspiration ist die treibende Kraft zu werden was wir sind.

## *Weitergehen*

20. 04. 08, 10.10 Uhr
Der Nebel reißt auf, Sonnenstrahlen wärmen meinen Rücken. Der Durchbruch für mein Buch ist da! Noch immer war ich in einer beobachtenden Haltung, bis die Erkenntnis kam, aus meinen Erfahrungen und die meiner GesprächspartnerInnen eine nachvollziehbare Struktur über das Wesen und Wirken der Inspiration zu machen.

14.40 Uhr, Klick auf „Speichern": Damit liegt das „6-Stufen-Modell der Inspiration" sicher auf einem USB-Stick und der Festplatte des Laptops.

„Freude, schöner Götterfunken.." - Bewusst genieße ich diesen Augenblick, auf den ich hingearbeitet habe, greife zu Beethovens 9. Symphonie und lege die CD in das Laufwerk ein. Während ich dies schreibe, hat sich der erste Satz aus der anfänglichen Unbestimmtheit zu seiner ganzen Schönheit entwickelt. „Un poco maestoso", wie es in der Satzbezeichnung heißt. Ich erinnere mich daran, dass ich mit Marianne im Goldenen Musikvereinssaal in Wien saß, als dieses Konzert für die CD aufgenommen wurde. Von unserem Platz über den Musikern der Wiener Philharmoniker hatten wir freien Blick auf Maestro Sir Simon Rattle. So konnten wir das Werk nicht nur akustisch sondern auch optisch wunderbar nachvollziehen. Ist das Buch nun fertig? Nein! Doch ich weiß, dieses Ziel ist so nah wie nie zuvor und mit der Energie, die ich aus dem Stift mitnehme, bis zum Zieldatum, meinem 49. Geburtstag am 18. Mai, leicht erreichbar. Im sieben mal siebenten Jahr beginnen ja angeblich die sieben Jahre der Inspiration. Könnte stimmen.

*„Inspiration ist beseeltes Einatmen"*
*Kleines Mosaik an Erklärungsversuchen*

*Inspiration*

Ich bin die Quelle,
in der du deinen Ursprung findest.

Ich bin das Blatt Papier,
aus dem du deine Ideen schöpfst.

Ich bin der Spiegel,
mit dem du um die Ecke schaust.

Ich bin der Raum,
den du dir einrichtest.

Ich bin die Zeit,
die du dem Wesentlichen gibst.

Ich bin die Aufmerksamkeit,
die du dir selbst schenkst.

Ich bin,
was du schon ahnst
und noch nicht weißt.

Ich bin
dein „werde,
was du bist".

Durch dich
bin ich
ich.

HJS

**Inspiration entzieht sich einer starren Definition. Deshalb finden Sie hier ein kleines Mosaik an Erklärungsversuchen, ergänzt um Zitate meiner GesprächspartnerInnen. Und was ist für Sie . . . Inspiration?**

*Wortbedeutung*

Inspiration kommt vom Lateinischen inspiratio, was soviel bedeutet wie Einatmen, Beseelung, anderen Leben einhauchen, mit Geist ausstatten.

*Sammelpunkt für einen magischen Augenblick*

Für mich stellt sich Inspiration als ein Sammelpunkt dar, in dem sich das, was wir in der Vergangenheit durchlebt haben, und das, was wir in der Zukunft sein werden, in einem magischen Augenblick vereint. Dieser Moment ist von so großer Intensität, dass Nachhaltigkeit in der Umsetzung unweigerlich folgt. Was hier alles im Detail zusammenwirkt, kann ich nicht genau sagen. Jedenfalls verbindet sich unser Innerstes mit etwas, das außerhalb unseres Selbst liegt. Man mag es je nach Einstellung Gott, die Musen, das Universum oder sonst wie nennen. Ohne die Bereitschaft, uns auf uns selbst einzulassen, Wendepunkte zu integrieren und das alles auch wieder loslassen zu können, wird sich Inspiration kaum entfalten.

*Der Atmung bewusst werden*

„Entdecke den inneren Raum, indem du Lücken im Strom des Denkens erzeugst.... Werde dir deiner Atmung bewusst", empfiehlt der Weisheitslehrer Eckhart Tolle. „Achte auf die Empfindung des Atmens. Spüre, wie die Luft in deinen Körper ein- und wieder ausströmt... Viele Male am Tag einen bewussten Atemzug zu machen (zwei oder drei wären noch besser) ist ein ausgezeichnetes Mittel, um Raum ins Leben zu bringen."[2]

*Möglichkeiten fördern*

„Indem wir die Möglichkeiten anderer anerkennen und fördern, allen vier Dimensionen ihrer Natur – Körper, Verstand, Herz und Geist – eine Stimme zu verleihen, werden der Erfindungsreichtum, das Talent, die Kreativität, Leidenschaft und Motivation, die bis dahin in ihnen schlummerten, geweckt."
Stephen R. Covey[3]

*Weisheit beruht auf Inspiration*

„Kreativität ist die Aktivität des Geistes in der Welt. Weisheit ist der Kreativität diametral entgegen gesetzt. Weisheit wächst aus der Fähigkeit zu wachsen, aus der Zurückhaltung, der aktiven Gemütsruhe. Weisheit beruht auf der Inspiration und Inspiration heißt wörtlich ‚Einatmen'. Weisheit ist einatmen, sich mit Geist erfüllen, mit Normen und Werten, mit Sinngebung und Einsicht, mit Menschlichkeit und dem, was über dem Menschen steht, mit Glaube, Liebe und Hoffnung."
Bernard Lievegood[4]

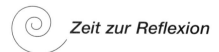 *Zeit zur Reflexion*

Atme ich nur so nebenbei oder schenke ich diesem Lebensquell
im Laufe des Tages bewusst meine Aufmerksamkeit?

An welchen magischen Augenblick der Inspiration kann ich mich erinnern?
Was ist da geschehen und wie wichtig ist das heute noch für mich?

Was sagt mir der Begriff Weisheit?

„Die Seele bekommt Flügel…"
Zitate aus den Gesprächen

*Inspiration ist eine Quelle, die nicht nur den Geist, sondern auch Seele und Herz berührt und in Bewegung bringt. Als Bild fällt mir ein: Die Seele bekommt Flügel.*
Mag. Manfred Sauer, evangelischer Superintendent, Villach

*Wenn man Ideen zulässt, dann ist man schon dabei, Dinge auf den Boden zu bringen. Da ist man begeistert und will es umsetzen, ohne Wenn und Aber, ob es ein Erfolg wird oder nicht.*
Josef Zotter, Chocolatier, Riegersburg

*Vielleicht bringt einen die Inspiration zu einem Ergebnis, das man selbst nicht voraussehen konnte. Und dann kommt man auf eine Welle der Kreativität und der Klarheit, die immer weiter trägt.*
Hopkinson Smith, Lautenspieler, Basel

*Inspiration fängt im Kopf an. Inspiration ist etwas, was ich von außen herein lassen und dann zulassen muss. Das sind Dinge, die vielleicht mit meiner Vorstellung gar nicht zusammen passen. Wenn man darauf trainiert ist und das zulässt, dann haben wir ja mit unserem Unterbewusstsein ein super Radargerät, das vieles aufschnappt.*
Roland Waldner, Produktentwickler, Klagenfurt

*Der Gegenstand der Inspiration fliegt einem zu. So ein Thema kommt nie alleine, es hat Ritter, Prinzessinnen und Gefolgschaft dabei, einen Kometenschweif von zusätzlichen Kreativen. Da muss man geschickt sein, alles festzuhalten, damit nichts verloren geht.*
Helmut A. Gansterer, Autor und Journalist, Langenzersdorf

*Wenn du ein Stück Erde mit Gras nimmst und es auf den Tisch legst, entdeckst du, dass das Unscheinbare einfach toll ist.*
Wolf Peter Schwarz, Schmuckdesigner, Ulm

*Die Wirkung einer Inspiration äußert sich für mich dadurch, dass es eine ganz sichere Stimme in mir gibt, die mir sagt: That´s it!*
Mila Baldi, Gesundheitsmanagerin, Weltnomadin, Wien

*Inspiration: Wenn etwas von außen das Bild von Vollkommenheit im Inneren weckt, dass dort verborgen ist – dann entsteht Lebensglück. Das ist Teil der Sinnsuche und diese hat mit dem Zugang zur eigenen göttlichen Quelle zu tun.*
Christine Sadjina, Anlageberaterin, Klagenfurt

*Zur Inspiration gehört Präsenz in der Gegenwart. Die Inspiration führt mich hin zur Wahrheit des Lebens oder lässt mich etwas mehr davon erkennen. Das hängt mit dem redlichen Denken zusammen. Und das bedeutet, sich nicht am Leben vorbeizuschwindeln. Inspirierte Menschen sind Menschen, die mit sich selbst etwas anfangen können.*
Mag. Josef-Klaus Donko, Stiftspfarrer, Maria Saal

*Du kannst darauf vertrauen, von deiner eigenen Zukunft abgeholt zu werden. Große Weichenstellungen werden nie analytisch herbeigeführt. Das ist immer ein Hineinhören. Die Antworten auf die Fragen steigen aus dem Innenraum auf.*
Rainer Petek, Managementberater, Autor, Extremkletterer, Klagenfurt

*Wenn man außergewöhnliche Projekte in die Welt setzt, dann zieht das wieder Menschen mit tollen Ideen an. Das ist wirklich eine große Kraftquelle für unser Haus. Alles, was den Blick und die Wahrnehmung erweitert, ist inspirierend.*
Karin Leeb, Hotelierin, Turracher Höhe

*Inspiration sind die Augenblicke, wo du aktiv lebst, wo du den Jetzt-Zeitpunkt aufnimmst.*
Jutta Kleinberger, Designerin, Klagenfurt

*Kreativität ist ein Zustand, den du erreichst, wenn du Inspiration in einem Zusammenhang von außen bringst. Kreativ zu sein ohne Inspiration ist nur der Versuch aufzufallen. Inspirierte Erkenntnisse bilden einen Zusammenhang, eine Welt, die lebt.*
Wolfgang Schaffer, Anthroposoph und Waldorfpädagoge, Wien

*Inspiration ist die Folgewirkung aus Erfahrung und Erinnerung. Es ist der kreative Prozess, der den Menschen zum Menschen macht.*
Dr. Michael Fendre, Dirigent und Kulturmanager

*Kunstwerke, die mich besonders inspirieren, sind solche mit durchaus ambivalenter Ausstrahlung, weil das Leben eben nicht schwarz-weiß ist.*
Mag. Andrea Stockhammer, Kunsthistorikerin, Wien

*Inspiration ist Wissen ohne Lernen.*
Cornelia Scala-Hausmann, Selfness-Coach, Wien & Liebenfels

*Ich suche Inspiration. Bei mir läuft das so ab, dass ich mich in eine Situation begeben muss, wo ich mich wohl und frei fühle. Da kann es passieren, dass der Funke überspringt und ich den Einstieg in eine Arbeit finde.*
Mag. Harald Klärner, Weltumsegler, Maler, Liebenfels

*Für das, was man gerne tut, hat man Zeit.*
Josef Herowitsch, Pfarrer und Gründer des Festivals Lockenhaus

*Mich inspirieren Menschen, die zwar wissen was sie wollen, aber weder verbissen sind noch das Leben schwer nehmen. Trotzdem können sie nach links und rechts schauen, ob nicht andere darunter leiden.*
Stefanie Sonnleitner, Haubenköchin, Kötschach-Mauthen

*Unser Nachhaltigkeitskonzept ist genau das, wofür ich noch einmal zu brennen begonnen habe. Da kann ich ganz viel von meiner Erfahrung und der Erfahrung meiner Mutter und meiner Vorfahren einbringen, da spüre ich eine ganz starke Vision und Philosophie dahinter.*
Sissi Sonnleitner, Haubenköchin, Kötschach-Mauthen

*Auf einmal macht es Klick und die im Unbewussten schlummernden Ideen werden geweckt. Dann tut sich ein neuer Lösungsansatz auf, den es ohne die Inspiration nicht gegeben hätte. Es ist oft wie das Missing Link.... Inspiration wirbelt Denkmuster auf und daraus ergibt sich ein neues Ganzes.*
Dipl.Ing. Hanno Kautz, Künstler und Architekt, Klagenfurt

*„Inspiration möchte ich gar nicht definieren, weil es etwas ist, das man fühlen und leben muss. Ich fühle es in diesem Einssein, in diesem tiefen Glücklichsein."*
Dipl.Ing. Gundula Schatz, Gründerin Waldzell-Institute, Wien

*Es liegt in der menschlichen Natur, die Erfahrung von Schönheit, von den großen und den kleinen Momenten, einfach zu teilen um andere zu inspirieren. Ich habe auf diesem Weg gelernt, dass wir alle gleichzeitig Lehrer und Schüler sind.*
Vjekoslav Martinko, Lebensunternehmer, Lovran, Kroatien

*Plädoyer für die Demokratisierung der Musen*
*Eine kleine Geschichte der Inspiration*

*„O selig, wen immer die Musen lieben;
denn süßer Gesang wird seinem Munde entströmen."*
Homer

**Sich mit Musen zu umgeben, scheint seit Jahrtausenden ein Privileg der Künstler zu sein. Doch wenn wir alle inspiriert leben können, warum sollten wir uns nicht ebenfalls von den Musen küssen lassen? Ein Plädoyer für die Demokratisierung der Musen und damit der Inspiration.**

## *Eine Orgie zu Beginn*

Die erste Zeile der Odyssee kennt viele unterschiedliche Übersetzungen. Von „Sage mir, Muse, die Taten des vielgewanderten Mannes" bis zu „Nenne mir, Muse, den Mann…" reichen die Variationen. Johannes Brahms meinte in Bezug auf diesen Beginn: „Jene Anrufung der Muse ist der Ausdruck einer höchsten psychologischen Wahrheit, derer Homer und Vergil sich wohl bewusst waren; sie spürten, dass sie der Hilfe von einer höheren Macht, außerhalb ihrer Selbst gelegenen Quelle bedurften, um jene großen klassischen Epen zu schreiben. Mit anderen Worten, sie suchten Inspiration von oben, so wie ich, wenn ich komponiere, und wie Beethoven auch."[5]

Die Muse sollte den Dichter an den Namen Odysseus und an die ganze Geschichte mit allen Einzelheiten erinnern. Versagte das Gedächtnis des Dichters in dieser schriftlosen Zeit, geriet ein ganzes Epos in Vergessenheit. Umso wichtiger war der Beistand der Muse.

Während Homer, dem dieses Epos zugeschrieben wird, nur eine namenlose Muse anruft, weiß es sein Dichterkollege Hesiod ganz genau: Neun Nächte lang soll sich Göttervater Zeus mit Mnemosyne, der Titanin des Gedächtnisses, vergnügt haben. Aus diesen Vereinigungen gebar sie ihm am Fuße des Olymps die neun Musen, wörtlich übersetzt „Die Erinnernden". Hesiod gab ihnen Namen und ganz spezielle Aufgaben. Am bekanntesten sind Klio für die epische Dichtung, Melpomene für die Tragödie und Thalia für die Komödie. Urania, die Himmlische, wurde zur Muse der Sternkunde. Je mehr Apoll für die Griechen der Gott der Künste wurde, desto mehr gerieten die Musen in seinen Bann. Ja, die Musen zogen sogar vom Berg Helikon, der stets als Musenberg verehrt wurde, zum Parnass, an dessen Abhängen das Orakel von Delphi und damit die wichtigste Kultstätte Apolls lag.

Die Künstler der frühen europäischen Neuzeit sahen in den um Apoll gescharten Musen das wichtigste Symbol ihres Schaffens, da sie die Kunst der Antike wieder zu erreichen versuchten. Für Dichter, Musiker und Maler bedeutete die Anrufung der Musen, ein Werk geschaffen zu haben, das dem Vergleich mit der antiken Kunst standhalten konnte.[6]

**Die neun Musen**
**Klio** – die Rühmende, ist die Muse der Geschichtsschreibung
**Melpomene** – die Singende, ist die Muse der Tragödie
**Terpsichore** – die fröhlich im Reigen Tanzende, ist die Muse für Chorgesang
**Thalia** – die Festliche, Blühende, ist die Muse der Komödie
**Euterpe** – die Erfreuende, ist die Muse der Lyrik und des Flötenspiels
**Erato** – die Liebevolle, Sehnsucht Weckende, ist die Muse der Liebesdichtung
**Urania** – die Himmlische, ist die Muse der Sternkunde
**Polyhymnia** – die Hymnenreiche (Liederreiche). Sie ist die Muse für Tanz und Pantomime
**Kalliope** – die mit der schönsten Stimme, die Muse der Elegie und des heroischen Gesangs

Kleine mnemotechnische Hilfe erwünscht, um sich die neun Musen zu merken?
„Clio/me/ter/thal – Eu/er/ur/po/kal"

*Musen unter uns*

Bis heute gelten die Musen als Garant dafür, höchste intellektuelle und künstlerische Fähigkeiten zu verleihen. Inspiration praktisch inklusive. Sie sind allgegenwärtig, zum Beispiel im Namen Musik, was die Kunst der Musen bedeutet, oder in Museum, dem ursprünglichen Wortsinn nach ein Heiligtum der Musen. Und sie waren und sind auch immer wieder leibhaftig unter uns, nachweisbar meistens in der Umgebung von Künstlern. Die Kunsthistorikerin

Andrea Stockhammer beschreibt zum Beispiel Peter Paul Rubens zweite Ehefrau Hélène Fourment als Inspirationsquelle für dessen Vorstellung von Weiblichkeit und Eleganz: „Bei ihr habe ich den Eindruck, dass sie mehr war als ein schönes Gesicht, als Modell für eine Darstellung. Hier ging es wirklich um Frausein, Ausstrahlung und Weiblichkeit, wenn man sich nur das ‚Pelzchen' im Kunsthistorischen Museum Wien und andere Bilder anschaut. Die Zeitgenossen waren sich einig, dass sie eine herausragend attraktive Frau war." Ähnliches wurde von Alma Mahler-Werfel behauptet. Camille Claudel galt als Rodins Muse, Dora Maar als jene von Picasso. Die Liste ließe sich beliebig fortsetzen.

Die Designerin Jutta Kleinberger bezeichnet sich als „Musenmensch" und hat Bilder ihrer Musen im Computer gespeichert: „Ich weiß, dass es Musen gibt und dass man die ganz dringend zum Leben braucht, wie Licht, wie Wasser, wie Erde. Sie geben dir auf der einen Seite die Erdung, auf der anderen Seite heben sie dich darüber hinaus, damit etwas Besonderes, Einzigartiges entsteht."

## *Wie man Musen günstig stimmt*

*„Ich schreibe nur, wenn die Muse mich küsst. Glücklicherweise schlägt sie jeden Morgen um Punkt neun Uhr zu"*, vermerkt William Somerset Maugham mit Ironie.

Musen mögen es angeblich gern, wenn man ihnen den roten Teppich ausrollt. Und werden sauer, wenn sie auf Chaos und Unordnung treffen. Das bedeutet aufräumen, reparieren, was kaputt ist, den Arbeitsplatz hübsch gestalten, Anregendes um sich haben und überhaupt alles Notwendige bereit zu legen, damit man sich auf den Schaffensprozess konzentrieren kann.
Rund um meinen Schreibtisch schaut das zum Beispiel so aus: Da hängen Bilder, die mir gut tun: Mein selbst gemaltes Talenteschild und eine Kreidezeichnung meiner Aura, die während eines Seminars im Stift St. Lambrecht entstanden ist. Von meiner Frau Marianne stammen zwei Ölbilder: Eines mit 20 verschiedenfarbigen Adlern, dem Logo meines Unternehmens, und dem 21. in der Mitte mit allen Farben der anderen. Und das Bild der tanzenden Shiva, das ich erst spät als kraftvolles Symbol für meinen Genius erkannte. Ich brauche mich nur

bewusst in diese Ecke zu stellen, um in einen Strom der Kreativität zu gelangen. Für alle Fälle stehen gleich gegenüber Klangschalen und Gong, die mich in Sekundenschnelle aus meinem Gedankenringelspiel aussteigen lassen und in tiefe Entspannung versetzen. Auch eine bequeme Couch für das Power napping (siehe unten) darf nicht fehlen. Da mittendrin arbeite ich mit allem griffbereit, was mir die moderne Technik bietet.

Auch für Stiftspfarrer Josef-Klaus Donko „hat Inspiration etwas mit Muse zu tun, das heißt mit einem zweckfreien Raum. Muse heißt da sein, um meiner selbst Willen. Dass ich nicht verzweckt werde für etwas oder für jemand. Und diese Muse schafft dann so etwas wie einen inneren Raum, eine innere Geöffnetheit, vielleicht so etwas wie eine innere Antenne für Inspiration."

Einen geistigen Leerraum besonderer Art schuf sich auch der Erfinder Thomas A. Edison. Er liebte es, auf einem „Thinking chair" zu sitzen. In seinen geschlossenen Händen hielt er jeweils einen Ball aus Metall. Auf dem Boden direkt unter seinen Händen standen zwei metallene Töpfe. Edison schloss seine Augen und entspannte sich. In dem Zustand zwischen Bewusstheit und Träumen öffneten sich seine entspannten Hände und die Metallbälle fielen lautstark in die bereitgestellten Töpfe. So wachte er wieder auf und schrieb das nieder, was gerade an Ideen in seinem Kopf war. Das war Edisons Art Ideen zu entwickeln, ohne sich von seinem rationalen Denken zensurieren zu lassen. In der Sprache unserer Zeit heißt das Power napping. Das kurze Schläfchen nach dem Mittagessen soll genau so lange dauern, dass keine Schlafhormone ausgeschüttet werden. Neu am Markt sind übrigens Wecker, die diese individuelle Zeitspanne der Entspannung messen können und rechtzeitig Alarm schlagen.
Von Edison stammt ja auch der berühmte Spruch: *„Genius ist ein Prozent Inspiration und 99 Prozent Transpiration."*

## *… und wenn die Musen doch nicht kommen wollen?*

Was aber tun, wenn sich die Musen partout verweigern, so sehr man sich auch um sie bemüht? Der US-amerikanische Autor und Kreativitätsforscher Robert Fritz kam zu folgendem Schluss: „Wenn wir unser Leben als Kunst gestalten, gibt es etwas, das wir von

Künstlern, Schriftstellern, Komponisten, Choreografen und Filmemachern lernen können: Inspiration kommt in seltenen Momenten und der kreative Prozess steht nicht in Verbindung mit Inspiration. Schöpfer wissen sehr gut, wie sie an den vielen, vielen Tagen an denen sie weder inspiriert noch mit Leidenschaft erfüllt sind, arbeiten können. Die Quelle ihrer Motivation ist nicht eine bestimmte Erfahrung, die sie machen, sondern die Sehnsucht, eine Arbeit zu Ende zu bringen."[7]

Das ist nun wirklich demokratisch: Denn beim Arbeiten treffen wir uns doch alle wieder, ob mit oder ohne Muse.

 *Zeit zur Reflexion*

Habe ich eine Muse? Wie sieht sie aus?

Unter welchen Umständen werde ich von ihr „geküsst"?

Wie stimme ich die Musen günstig?

Sollte ich es Thomas A. Edison nachmachen und „Power napping" probieren?

Was ist mein Mittel gegen uninspirierte Zeiten?

*„Wagend bejahe das Ich"*
*Das Selbst als Basis für Inspiration*

*Die Bejahung des Ich*

Was du brauchst, ist bei dir.
Gott schenkt alles.
Vertraue, glaube,
Wagend bejahe das Ich.
Kraft ist in dir und um dich,
Richte den Blick in das Licht.
Nichts kann dir schaden,
Wagst und bejahst du das Ich.

Laotse

## Interview mit mir selbst

*Harald, heute im Wald bist du auf die Idee gekommen, ein Interview mit dir selbst zu führen. Was steckt dahinter?*

Die Ausgangsposition ist, dass ich nun mehr als 20 Interviews mit unterschiedlichen Personen zum Thema Inspiration geführt habe. In den letzten Tagen kamen so viele Anregungen für mich selbst, dass ich mich gefragt habe, wo denn mein ganz persönlicher Zugang zur Inspiration ist. Geht der nicht verloren in dem Wust von Material, das ich nun von anderen gesammelt habe? Ein Gespräch – das mit Herrn Zotter, dem Chocolatier in Riegersburg – war besonders bedeutsam. Er hat gemeint, es sei gar nicht so gescheit, immer über den Tellerrand blicken zu wollen, denn der Tellerrand sei man selber. In einem anderen Gespräch mit einer Teemeisterin erfuhr ich, worum es beim Tee wirklich geht, nämlich unter anderem um die Reinheit der Schale, die Qualität des Tees, um Achtsamkeit, um die Einstellung, mit der man den Tee trinkt. Das alles ist in einem selbst, nicht außen.

*Mmh, aber du bist ja die ganze Zeit dabei gewesen, als du Interviews geführt hast, als du die Idee geboren hast, das ist ja alles dein Selbst.*

Ja, das ist schon klar. Aber es geht zwischendurch verloren. Ich habe schon die Tendenz, mich hinter anderen Meinungen zu verstecken. Oder hinter der Bedeutung, die ich Dingen gebe oder die Bedeutung, die andere Menschen dem beimessen, was ich tue. Ich bin abhängig davon, daran messe ich dann meinen Erfolg. Mir ist heute auch bewusst geworden, dass das überhaupt nicht wichtig ist. Wichtig ist zu tun, was man in sich spürt, was man tun muss. Das ist nicht etwas, was dir irgendjemand aufträgt, ein Job, den du abarbeitest, sondern etwas, was ganz aus deinem Inneren kommt – ein Auftrag aus dir selbst und gleichzeitig außerhalb von dir. Wenn es wirklich Inspiration ist, hast du keine andere Wahl, als der Spur zu folgen, die sich deutlich vor dir zeigt. Den langen Atem, den du brauchst, um das durchzuziehen, hast du dann ganz selbstverständlich. Jetzt stehe ich davor, auf den Punkt zu kommen, auf das, was ich mitteilen möchte, was von mir zu den anderen soll als eine Botschaft, die ihnen weiterhilft. Und wenn es andere auch bewegt, dann ist schon sehr viel gewonnen. Die Teemeisterin hat gesagt, sie mache es für sich. Und wenn sie nur einen Menschen pro

Tag irgendwie auf den Weg des Tees bringen kann, dann sind das 365 Menschen im Jahr und das ist unglaublich viel. Auch das könne sein, müsse aber nicht sein. An diesen Gedanken muss ich mich mit meiner Herkunft als Journalist, Trainer und Kommunikationsberater aber erst gewöhnen.

*Und wie soll es jetzt weiter gehen?*

Jetzt ist es an der Zeit, mich hinzusetzen, meine Geschichte zu erzählen; mich auf dieses Erlebnis einzulassen und darauf, was jetzt aus all dem wird, was ich gesammelt habe, aus dem, was ich selbst will. Sehr spannend ist auch, dieses Selbstvertrauen, diesen Mut zu entwickeln, das raus zulassen und es dann, wenn's fertig ist, ganz selbstbewusst der Welt zu übergeben, was immer die dann daraus macht.

## *Zum Kern des Selbst finden*

Was ist dieses Selbst, von dem ich in diesem Selbst-Interview immer gesprochen habe?

Selfnesscoach Cornelia Scala-Hausmann: „Das Selbst ist der Kreis, in dessen Mittelpunkt sich das Ich befindet. Wie bei einem Atom definieren die Elektronen die äußere Grenze, die Protonen und Neutronen als Atomkern definieren den Mittelpunkt. Nur der Mittelpunkt (das Ich) ist bewusst. Der Rest ist unbewusst." Zusatz: „Interessant ist, dass wir auch bei den Atomen nicht genau wissen, was zwischen Atomkern und Hülle ist. Vielleicht wissen wir es in dem Moment, in dem wir unser gesamtes Selbst bewusst erleben."

Der Psychotherapeut C.G. Jung bezeichnet das Selbst als wegweisendes Prinzip, als geheimen spiritus rector unseres Lebens. Das Selbst bewirke, dass wir sind und uns entwickeln. Jung spricht von einem Trieb zur Selbstwerdung.[8]
Mihaly Csikszentmihalyi, Autor des Buches „Flow", meint, das Selbst enthalte alles, was das Bewusstsein durchlaufen hat: Alle Erinnerungen, Handlungen, Wünsche, Lüste und Schmerzen sind in ihm enthalten. Mehr als alles andere berge das Selbst die Hierarchie der Ziele, die wir uns Stückchen für Stückchen im Laufe der Jahre aufgebaut haben.

Als Flow bezeichnet der Autor jenen Zustand, bei dem man in eine Tätigkeit so vertieft ist, dass nichts anderes eine Rolle zu spielen scheint. Gemeinsam ist jeder Flow-Aktivität das Gefühl einer Entdeckung, ein kreatives Gefühl, dass das Individuum in eine andere Realität versetzt. Es treibt die Person zu einer höheren Leistung an und führt zu einem vorher ungeahnten Zustand des Bewusstseins. Es verändert das Selbst und macht es komplexer. Dieses Wachstum des Selbst stellt für Mihaly Csikszentmihalyi den Schlüssel zu den Flow-Aktivitäten dar.[9]

## Die eigene Zukunft empfinden

Als zentrale Kernkompetenz der Wissensgesellschaft dieses Jahrhunderts beschreibt Otto C. Scharmer vom Massachusetts Institute of Technology die tief im Menschen veranlagte Fähigkeit, die eigene Zukunft zu empfinden und zu aktualisieren. „Wenn wir uns die Frage vorlegen ‚Wo kommt den eigentlich unser Handeln her?' dann können die meisten von uns keine Antwort geben. Dieser blinde Fleck betrifft die (innere) Quelle, von der aus wir handeln, wenn wir tun, was wir tun – der Entstehungsort und die Aufmerksamkeit, der wir einer Sache schenken, um uns mit ihr zu verbinden."

Im Kern von Scharmers U-Theorie steht folgende Annahme: Jeder und jede von uns ist nicht Einer, sondern Zwei. Jedes einzelne menschliche Wesen und jeder Organismus ist Zwei. Zum einen ist da die Person, die wir durch die Reise der Vergangenheit geworden sind. Das ist die Person, die wir gut kennen. Zum anderen ist es die Person, die wir durch die Reise in die Zukunft werden könnten, sie ist unsere höchste Zukunftsmöglichkeit...
Diese zwei Selbste, das Gewordene und das Werdende, treten miteinander in einen Dialog. Durch das Zwiegespräch von Gewordenem und Werdendem entsteht ein subtiler Bezug zu unserer höchsten Zukunftsmöglichkeit, der dann beginnt, richtungs- und inspirationsgebend für uns in sehr realer Weise eine helfende Kraft zu werden.[10]

*Zeit zur Reflexion*

Kann ich mich ganz vorbehaltlos bejahen?

Wann habe ich das letzte Mal über mich nachgelesen oder mir selbst ganz bewusst zugehört?

Welche Fragen würde ich mir bei einem Interview mit mir selbst stellen?

Kann ich mich über scheinbar nebensächliche Dinge noch wundern?

Wann bin ich im Flow – was tue ich da gerade? Könnte ich diesen Flow öfters erleben?

Was fördert das Wachstum meines Selbst?

Wenn ich einem Zwiegespräch zwischen der Person, die ich geworden bin und jener, die ich sein werde, lausche – was höre ich da?

„Da muss man geschickt sein alles festzuhalten…"
*Wie Inspirationen eingefangen werden*

**Das Regenbogenbuch im A4-Format, ein rotes Büchlein mit der schwarzen Kordel, Notizheftchen aus dem Louvre in Paris, dazu Post it, bekritzelte Seminarunterlagen und einiges mehr: Die Sammlung meiner Notizen und Einfälle könnte übersichtlicher sein. Aber oft fällt mir im Chaos des Suchens eine unerwartete Querverbindung ein, die zu einer neuen Idee führt. Ähnlich geht es mir mit den in Computer, Handys und MP3-Playern gespeicherten Interviews und Texten. Wie fangen andere ihre Inspirationen ein?**

### *Der Gegenstand fliegt einem zu*

Wie ein Schmetterlingfänger erwartet der Journalist Helmut A. Gansterer seine Inspirationen: „Der Gegenstand fliegt einem zu. So ein Thema kommt nie alleine, hat Ritter, Prinzessinnen und Gefolgschaft dabei, einen Kometenschweif von zusätzlichen Kreativen. Da muss man geschickt sein, alles festzuhalten, damit nichts verloren geht. Mir kommt zugute, dass ich als einziger schneller schreibe als jede Sekretärin. Mein Notebook habe ich immer dabei, ebenso ein Mini-Diktiergerät. Mit Reden gelingt es am schnellsten, die Anflüge einzufangen. Diese Grundausstattung muss arretiert und aufgestellt werden. Dann ist es am besten das Unterbewusstsein einzufüttern und in Frieden zu lassen. Alle Erweiterungen werden in der Nacht vom Gehirn geschaffen. Ich halte nichts davon, Einfälle mitten in der Nacht aufzuschreiben. Das erinnert mich an eine Geschichte von Billy Wilder, der im Traum einen genialen Einfall für einen Film hatte, sich diesen schnell notierte und am Morgen dann las: ‚Boy meets girl'".

### *Inspiration im Schlaf*

Anderer Meinung dürften da Leute wie Billy Joel, Salvador Dali oder der Astrophysiker Paul Horowitz (gewesen) sein. Von allen dreien ist überliefert, dass sie ihre Inspirationen im Schlaf fanden – und diese später wohl auch notieren mussten, sollten sie nicht für immer vergessen werden. Dass einem im Traum Ideen oder Lösungen einfallen, begründet Robert Stickgold, Harvard-Professor für Psychiatrie, so: Das träumende Gehirn suche bevorzugt nach unerwarteten Wegen und aktiviere diese, statt sich auf die üblichen, offensichtlichen Assoziationen zu beschränken. Eine andere Theorie ist übrigens, dass man im Schlafen einfach die Probleme, in die man sich vielleicht verbissen hat, vergisst. Am Morgen kann man dann mit frischer Energie und unbelastet weitermachen.

## *Heureka!*

Den berühmten Mathematiker Archimedes ereilte ein Geistesblitz bekanntlich in der Badewanne. Er suchte nach einer Möglichkeit, den Goldgehalt einer Krone zu bestimmen, ohne diese einschmelzen zu müssen. Als er sich in seine bis zum Rand gefüllte Badewanne zurückzog, schwappte das Wasser über. Dabei kam ihm blitzartig die Erkenntnis, dass das ausgelaufene Wasser seinem Volumen oder eben auch dem einer Goldkrone entsprechen muss. Splitternackt soll Archimedes dann durch die Straßen gelaufen und „Heureka" (Ich hab´s) gerufen haben. Dieses Heureka-Erlebnis beschreiben Kreativitätsforscher als eine Art Einrasten oder ein kognitives Zuschnappen.

Was passiert genau im Hirn, wenn die sprichwörtliche Glühbirne aufleuchtet? Mark Jung Beemann und seine Kollegen von der Universität von Illinois in Evanston wollten es genau wissen. Sie stellten Studenten vor die Aufgabe, zu drei Worten je ein weiteres zu finden, das mit den anderen jeweils zu einem sinnvollen Begriff kombiniert werden kann. Die Teilnehmer mussten zudem angeben, ob ihnen die Lösung tatsächlich im Rahmen einer plötzlichen Erkenntnis eingefallen war. Das Ergebnis der Untersuchungen, die mittels Kernspintomografie durchgeführt wurden: In einer bestimmten Region im rechten Schläfenlappen des Gehirns kommt es plötzlich zu einem starken Anstieg der Aktivität. Doch unmittelbar vor dem Geistesblitz werden alle optischen Informationen ausgeblendet. Die Wissenschaftler deuten dies als eine Art „Ausblenden" oder Dämpfung visueller Reize. Dies könnte ihrer Meinung nach dazu dienen, die zuvor eher schwache Gehirnaktivität zur Problemlösung zu stärken. Vergleichbar sei dies mit dem Schließen der Augen, wenn man sich auf ein besonders schwieriges Problem konzentriere.

*Ideen keimen lassen*

Der Komponist Richard Strauss wusste über die Vorgänge im Gehirn sicher noch nichts, sehr wohl aber, dass er schnell sein musste, wenn die Ideen zu fließen begannen. „Oft kommen mir die Gedanken, während ich spazieren gehe. Ich notiere sie mir sofort, denn mein Skizzenbuch begleitet mich immer. Es ist äußerst wichtig, die Gedanken sofort festzuhalten, damit sie sich nicht verflüchtigen. Ich schlage dann öfters in diesen Aufzeichnungen nach, was mich in dieselbe Geistesverfassung versetzt, die die Ideen gebar; so entwickeln und weiten sie sich. Ich glaube fest an das Keimen der Idee."[11]

*Alles kommt in eine Box*

Die US-Choreographin Twyla Tharp, die unter anderem für Filme wie „Hair" oder „Amadeus" gearbeitet hat, beginnt jede neue Choreographie mit einer Box, die es in jedem Bürowarengeschäft gibt. „Ich schreibe den Projektnamen auf die Box und fülle sie mit jedem Gegenstand, der mit der Entwicklung des Tanzes zu tun hat. Das sind Notizbücher, Zeitungsausschnitte, CDs, Videoaufzeichnungen, Bücher, Fotografien und Kunstobjekte, die mich inspiriert haben. Die Box gibt mir das Gefühl organisiert zu sein und dass ich alles beieinander habe, sogar zu einem Zeitpunkt, wo ich noch nicht weiß, wohin ich gehe. Es ist auch eine Vereinbarung. Der einfache Akt, den Projektnamen auf die Box zu schreiben, bedeutet, dass ich mit der Arbeit begonnen habe."[12]

*Sich beim Erzählen zuhören*

Um Ideen rasch auf den Punkt zu bringen, hat der Produktentwickler Roland Waldner diese Methode gefunden: „Für mich ist es wichtig, dass ich eine Idee jemandem erzähle, denn dafür muss ich sie selbst einmal verstanden haben. Dann muss ich sie so formulieren, dass mein Gegenüber versteht, worum es geht, weil er bei den ganzen Vorgedanken vielleicht gar nicht dabei war. Und das klingt jetzt vielleicht ein bisschen blöd, aber es ist so: Wenn ich mir bei diesen Erzählungen zuhöre, kommen mir oft selbst die besten Ideen. Der Zuhörer kann jeder sein. Alleine dadurch, dass ich nachdenken muss, wie es denn wirklich ausschaut, komme ich auf eine neue Lösung. Und das ist einfach in diesem Erzählen passiert."

 **Zeit zur Reflexion**

Wie sammle ich meine Ideen? Welches Ordnungssystem entspricht mir am besten, um diese Ideen festzuhalten?

Welche Zitate in diesem Text sprechen mich besonders an? Was fällt mir spontan dazu ein?

Wenn ich schon eine Art Chronologie meiner Ideen haben: Entdecke ich beim Durchlesen vielleicht mein ureigenstes Thema?

Gibt es „erste Sätze" aus eigenen Aufzeichnungen oder Büchern, die mich besonders ansprechen?

Wenn ja, dann könnte ich mich ja davon zum Weiterdenken inspirieren lassen…

*„Von der eigenen Zukunft abgeholt werden"*
*Inspirierende Momente, ganz im Jetzt*

*Über viele Jahre
unter großen Kosten
reiste ich durch viele Länder,
sah die hohen Berge,
die Ozeane.
Nur was ich nicht sah,
war der glitzernde Tautropfen
im Gras gleich vor meiner Tür.*

Rabindranath Tagore

**Eins sein mit dem Augenblick. Das wird vor allem in der östlichen Zen-Tradition als eine der höchsten Bewusstseinsstufen angesehen, als Grundlage für Erfolg und Glück. Wir sind also aufgefordert, wie der Straßenkehrer in Michael Endes „Momo" weiß, Schritt für Schritt die ganze Straße zu kehren, um unsere Sache gut zu machen. Doch wenn wir unsere Zukunft kennen wollen, möchten wir schon jetzt das gesamte Bild sehen, anstatt bloß den nächsten Schritt zu tun. Inspiration hat die Kraft, uns in Richtung Erfolg zu führen, wenn wir uns ihr anvertrauen. Denn sie baut auf unseren Talenten und Begabungen auf, fördert diese und lässt uns dadurch neue Stufen unserer Möglichkeiten erreichen.**

*Wir nehmen uns sowieso überall hin mit*

Wäre am Beginn meiner fotografischen Entdeckungen der Wunsch gestanden, eine Ausstellung zu machen, hätte ich wohl niemals mit dem Fotografieren begonnen. Mein Verstand hätte gefragt, ob ich denn ernsthaft glauben könne, mit meiner Billigkamera irgendetwas zustande zu bringen. Das alles war zum Glück ausgeschaltet, als ich einfach angefangen habe, weil mich im achtsamen Vorübergehen zuerst Ritzungen in Baumrinden und später ein knallgelber Pilz an einem morschen Baumstamm angesprochen haben. Da war nur dieses Einssein mit dem Jetzt, das einer Trance gleicht, in der keine Forderungen gestellt werden, sondern nur alles möglich ist. Ich musste dafür nicht einmal weit reisen, lagen die Motive doch nur ein paar hundert Meter in jenem Wald vor meiner Haustüre, den ich schon unzählige Male besucht hatte.

Noch vor kurzem war ich der Meinung, dass in der unmittelbaren Nachbarschaft nicht viel Interessantes zu finden wäre. Zudem in einer Stadt, von der Ingeborg Bachmann, die hier geboren wurde, vor Jahrzehnten geschrieben hat: „In diese Stadt ist man selten aus einer anderen Stadt gezogen, weil ihre Verlockungen zu gering waren..." Und doch waren es nicht Megacities wie London, New York, Rom oder die von mir regelmäßig besuchte Biennale in Venedig, wo sich das ereignete, sondern nur vorbereitet hat. Wir nehmen uns sowieso überall hin mit. Wer wir sind und wie wir sind, das können wir jeden Augenblick an jedem Ort – gerade auch daheim – für uns entscheiden. Und diese Entscheidung nimmt uns auch niemand ab, schon gar nicht die sogenannten „Umstände", denen wir das gerne zuschieben. Wenn Inspiration gelingt, erreichen wir die höchste Ebene in meinem 6-Stufen-Modell der Inspiration.

Und die Ausstellung? Findet sich vorerst in der Mitte dieses Buches. Immerhin sind im letzten Jahr rund 40 Fotoserien an den verschiedensten Orten entstanden, sehr viel in „meinem" Wald, auf meinen Inspirationsreisen aber jetzt auch in Städten wie Wien, Paris, Kapstadt und Venedig.

## *Der Erfolg – eine unbeabsichtigte Nebenwirkung?*

Viktor Frankl schreibt: „Peile keinen Erfolg an – je mehr du es darauf anlegst und zum Ziel erklärst, umso mehr wirst du ihn verfehlen. Denn Erfolg kann wie Glück nicht verfolgt werden; er muss erfolgen… als unbeabsichtigte Nebenwirkung, wenn sich ein Mensch einer Sache widmet, die größer ist als er selbst."[13]

Erfolgreiche Menschen, egal ob Künstler, Sportler oder Unternehmer, beschreiben immer wieder, dass lebenswichtige Entscheidungen aus einem Impuls, oft innerhalb von Sekunden, manchmal in einer Art Halbtrance gefällt werden. Richard Wagner schilderte den Beginn seiner Arbeiten an Rheingold im Jahr 1853 so: „Ich lag gerade im Bett. Mir war plötzlich, als versänke ich in einer Wasserflut. Ich glaubte, auf dem Grund des Rheins zu liegen. Ich spürte und fühlte, wie das brodelnde Wasser über mich hinwegrauschte. Diese Empfindung nahm musikalische Gestalt im Es-Dur-Akkord an, der mit dem Kontra-Es in den Kontrabässen einsetzt. Ich empfand das Rauschen des Rheins als eine Figurierung jenes Dreiklangs, der unaufhörlich und mit zunehmender Bewegung dahinwogt und 136 Takte lang unverändert bleibt. Ich befand mich im Zustand des Halbschlafes; beim Erwachen erkannte ich sofort, dass diese Vision inspiriert war, dass mein Vorspiel zu Rheingold in meinem inneren Bewusstsein Gestalt angenommen hatte. Dann begriff ich, dass diese Vision des rauschenden Wassers symbolisch für meine zukünftigen musikalischen Schöpfungen sein sollte, begriff, dass der Strom meines Lebens aus mir selbst fließen sollte."[14]

*Inspiration im Moment der Umsetzung*

Für den Dirigenten und Kulturmanager Michael Fendre kann „Musik den Zuhörer inspirieren, da kann viel passieren. Für den Ausübenden inspiriert sich Musik selbst. Im Moment der Umsetzung, der Interpretation, braucht man Inspiration, damit der Funke zum Publikum überspringt. Es gibt viele Auren, die ein großes Gesamtes bilden, jeder Mensch ist ein Teil davon. Einer dieser Momente, wo das geglückt ist, war 2003 bei einer Arvo-Pärt-Uraufführung in Graz. Es war unheimliches Glück, dass trotz schlechter Rahmenbedingungen – vieles aus eigener Befindlichkeit – doch noch etwas daraus geworden ist. In dieser Aufführung ging ein kreativer Prozess vonstatten und es hat funktioniert."

*Klarheit in einer Sekunde*

Der Managementberater und Autor Rainer Petek erinnert sich an einen entscheidenden Moment seines Lebens: „Mit 19 Jahren – ich hatte gemeint, Architektur studieren zu müssen – war ich mit einer Gruppe im Alpeiner Gebiet in Tirol auf Schitour. Wir waren bereits sehr früh unterwegs. Die Sonne kam hinter einer Bergwand hervor und ich war total ergriffen. In dieser Sekunde war mir klar – das ist es! Diesem Thema will ich einen wesentlichen Teil meines Lebens widmen. Die wirkliche Entscheidung fiel fünf Monate später. Die Folge dieses Moments: Zuerst schloss ich beim Bundesheer die Ausbildung zum Bergführer ab. Dann wurde das Bergführen für 15 Jahre zu meinem bestimmenden Thema. In dieser Zeit hörte ich immer wieder in mich hinein. Im Bergsteigen hat sich viel mehr verwirklicht als ich ursprünglich gedacht hatte. Menschen haben mich inspiriert, ganz anders in den Bergen zu arbeiten, weil sie gespürt haben, dass das, was ich mache, in sich stimmig ist. Man kann darauf vertrauen, von seiner eigenen Zukunft abgeholt zu werden."

*636 Perlen, einfach hingeworfen*

Ein Ereignis, das dem Schmuckdesigner Wolf Peter Schwarz immer in Erinnerung bleiben wird: „In einem Sommer kehrte ich aus Indien zurück und hatte 636 Orientperlen und Seide mit dabei. Der Maler Anselm Kiefer kam zu Besuch, sah den Stoff und die Perlen und sagte: ‚Herr Schwarz, jetzt legen wir das hin und schmeißen die Perlen drauf! Genau so wie sie drauf gefallen sind, nähen Sie das bitte fest.' Das war das Weihnachtsgeschenk für seine damalige Frau. So etwas finde ich gut, das war echt und nicht in der Art ‚Hallo, jetzt lass uns eine Idee kreieren', sondern ganz aus dem Spontanen heraus."

### *Alte Segel weiter fliegen lassen*

Voller Spontaneität war auch jener inspirierende Moment, der dem Weltumsegler Harald Klärner im Interview eingefallen ist: „Das war, als ich meine Weltumsegelung beendet hatte und wieder in meinen Ursprungshafen nach Italien zurückkehrte. Ich mistete gerade mein Boot aus und ging daran alles wegzuwerfen, was nicht mehr gebraucht wurde. Es gab alte Segel, Tauwerk, verschiedene Teile des Bootes. Die waren schon im Müllkübel drin, als mir plötzlich eine Idee kam. Ich dachte mir, eigentlich ist es wirklich schade um dieses Segeltuch, um diese Materialien, die mich um die Welt getragen haben. Es wäre doch schön, wenn man die irgendwie weiter fliegen lassen könnte. Und da fiel mir ein, Segelkunststücke zu machen. Daraus ist dann eine Serie von Objekten geworden."

### *Schönheit, die einfach umhaut*

Als ihr erstes Inspirations-Erlebnis bezeichnet die Kunsthistorikerin Andrea Stockhammer ein Ereignis aus ihrer Kindheit: „Da habe ich mit meinen Eltern die Stiftskirche in Melk besucht. Als ich bei der Türe hineingekommen bin, hat es mich förmlich umgehauen. So ein Erlebnis ist auch Inspiration für mich - diese unglaubliche Schönheit, etwas, was ich noch nie in meinem Leben gesehen hatte, diese Vielfalt, die verschiedenen Materialien, die Farben und dann das akustische Erlebnis dazu, weil gerade jemand auf der Orgel gespielt hat. Das war unglaublich beeindruckend. Erlebnisse dieser Art haben dazu beigetragen, dass ich das Studium Kunstgeschichte gewählt habe."

***Zeit zur Reflexion***

Wann gelingt es mir, mit dem Augenblick eins zu sein?

Wie betrachte ich meine Zukunft – als lange Straße oder als ein nächster Schritt, der zu tun ist?

Welcher wäre denn mein nächster Schritt?

Was liegt in meiner nächsten Umgebung und will von mir entdeckt werden?

Bin ich daheim wirklich da in meinem Heim?

Welche Musik inspiriert mich?

Kann ich Spontaneität ausleben?

*„Beim Menschen lebt alles von seiner Herzensenergie"*
*Wie Menschen inspirieren und Begegnungen gelingen*

*In jedem Leben kommt es irgendwann vor,*
*dass das innere Feuer erlischt.*
*Durch die Begegnung mit einem anderen Menschen*
*flammt es dann erneut auf.*
*Wir alle sollten dankbar sein für jene Menschen,*
*die den inneren Geist wieder entfachen.*

Albert Schweitzer

Weil sie so selten sind, schätzen wir jene Gespräche am meisten, die von gegenseitigem Vertrauen getragen sind und uns durch ihre Intensität überraschende Dimensionen unseres Selbst eröffnen. Jedes Interview, das ich für dieses Buch führen durfte, hatte diese Qualität. Sicher lag das daran, dass Inspiration kein alltägliches Thema ist und der Gegenstand des Diskurses gleichsam in aller Frische im Miteinander erblühte. Daraus folgten Assoziationsketten, die oft weit in die Kindheit und voraus in die Zukunft reichten, ihren festen Grund aber im Augenblick, im Jetzt hatten. Ein offenes Ohr, Zurückhaltung bei der Fragestellung, das Gefühl des Angenommenseins mögen darüber hinaus zur gelungenen Kommunikation beigetragen haben.
Lesen Sie hier, was einige meiner InterviewpartnerInnen an Menschen inspirierend finden und was für sie in Begegnungen und Beziehungen entscheidend ist.

*Einen dritten, neuen Punkt schaffen*

„Begegnungen mit Menschen sind für mich Inspiration. Wenn ein Thema von meinem Gegenüber anders gesehen wird, öffnet das in mir neue Türen, Fenster, manchmal große Räume", sagt die Anlageberaterin Christine Sadjina. „Wie etwas wächst, gebaut, gemacht wird, lebt vom Detail. Beim Menschen lebt alles von seiner Herzensenergie. Ein Mensch, der mich inspiriert, nimmt das natürlich Vorhandene und schafft einen dritten, neuen Punkt, der in Einheit und Einklang mit allem ist. Auf Lanzarote habe ich das Werk des Künstlers Caesar Manrique kennen gelernt. Ihm gelang es, sich auf die örtlichen Gegebenheiten, das Natürliche, die Natur, einzufühlen und mit seinen Inspirationen, auf die er hörte, ein lebbares und erlebbares Umfeld zu schaffen. Damit schafft der Mensch Räume von hoher positiver Energie, die Menschen anziehen, wiederum inspirieren und beglückt entlassen.
An Menschen faszinieren mich die Phantasten, die nicht bei dem ansetzen, was es gibt, sondern bei dem, was möglich ist, ganz gleich wie phantastisch es klingt. Mich fasziniert etwa, wie Menschen in der Lage sind, für ein Orchesterwerk die Melodie für jedes einzelne

Instrument zu komponieren und alles in Summe ein Ganzes ergibt. Oder ein Beispiel aus der Architektur: Das Guggenheim-Museum von Frank O. Gehry in Bilbao. Aus der Inspiration heraus wurde hier ein Weg gefunden, scheinbar Unmögliches zu bauen und dabei auch noch den Anforderungen eines Museums zu entsprechen.

Es ist wichtig einen Menschen zu kennen, auf den man zurückgreifen kann, wenn man Inspiration braucht. Dieser Mensch inspiriert, weil er seiner sicher ist, er selbst ist, aus seiner innersten Quelle schöpft. Inspiration kommt erst, wenn die Sicherheit da ist, dass das eigene ‚SELBST' göttlichen Wert hat."

## *Ein bisschen Freude in die Welt bringen*

„Inspirierte Persönlichkeiten schaffen es, auf mehreren Gebieten großartige Leistungen zu bringen und sich zu engagieren", meint meine Tochter Marie-Therese, Jahrgang 1988. „Eine Persönlichkeit, die mir da sofort einfällt, ist Leonardo DiCaprio. Er ist ein hervorragender Schauspieler, wandlungsfähig, kann in alle möglichen Rollen schlüpfen, aber trotz seines riesigen Erfolges ist er nicht abgehoben. Er engagiert sich für die Umwelt, für den Klimawandel. Er unterstützt Al Gore bei seiner Kampagne und fährt ein Hybridauto. Eine weitere sehr inspirierte Persönlichkeit ist für mich George Clooney. Auch ein hervorragender Schauspieler, aber auch Regisseur, ‚sexiest man alive' (auch wenn er dafür eigentlich nichts tun musste), Liste der ‚best dressed', und aktiver Bush-Gegner. Und natürlich von meinem Hintergrund her Al Gore. Seit dieser Mann politisch tätig ist, versucht er den Menschen die Gefahren des Klimawandels aufzuzeigen. Er reist um die ganze Welt, um seine Präsentationen zu machen und bildet sich immer weiter.

Aber auch unbekannte Menschen können sehr inspiriert sein. So wie die Blumenhändlerin um die Ecke, die einfach die schönsten Sträuße macht und zu der man immer wieder gerne geht. Oder der Journalist, wegen dessen Kolumne man jeden Morgen wieder lachen muss. Oder die Kellnerin, die mit einem freundlichen Lächeln den Kaffee und damit ein bisschen Freude in die Welt bringt."

*Auch mit Geist, Herz und Gemüt anwesend sein*

Stiftspfarrer Josef-Klaus Donko: „Wenn Begegnung gelingt, hängt das immer damit zusammen, dass man den Eindruck hat, wir zwei waren jetzt körperlich anwesend, aber auch mit Geist, Herz und Gemüt. Und deswegen sind wir einander nahe gekommen, hatten wir einander etwas von uns selbst zu sagen, konnten wir aufeinander hören, oder haben gemeinsam etwas Neues erkannt."

*Omas weiter Horizont*

„Meine Großmutter war ausschlaggebend dafür, dass ich mich für das Theologiestudium entschieden habe", erzählt Superintendent Manfred Sauer. „Insofern war meine Großmutter eine große Inspirationsquelle von ihrer Persönlichkeit, von ihrem Lebensstil, ihrer Lebensauffassung her, von dem, wie sie mit Menschen umgegangen ist. Mein Großvater war Knecht bei den Almasys in Bernstein, also aus sehr ärmlichen Verhältnissen. Meine Oma war eine sehr bescheidene Frau, aber sie hat einen sehr weiten Horizont gehabt. Wie sie mit Konfliktsituationen in der Familie umgegangen ist, ihre menschenfreundliche, offene, herzliche Art, wie sie auch mit uns Kindern umgegangen ist, das war für mich ein großes Vorbild und sehr inspirierend. Ich habe mir immer gedacht, das möchte ich auch so machen. Sie war sehr gütig, sehr religiös, aber eben auch in einer unglaublich unaufdringlichen Art und Weise. Das heißt, sie hat ihre Entscheidungen, ihre Haltung und Lebenseinstellung immer sehr stark von ihrem Glauben her begründet. Sonntag Vormittag ging sie in die Kirche und fragte dann so zwischendurch: Hat jemand Lust mitzugehen, wer begleitet mich? Und ich bin dann als Jugendlicher auch ab und zu mitgegangen. Ausschlaggebend war auch, dass wir eine schillernde Persönlichkeit als Pfarrer hatten, der sehr toll gepredigt hat. Ich komme aus einem kleinen Dorf und war so mit 14 oder 15 Jahren das erste Mal verliebt. Wir haben uns in der Kirche zum Gottesdienst verabredet. Nach der Kirche sind wir spazieren gegangen, in der Hoffnung, dass es irgendwo auf einer Bank zu ersten Berührungen oder zu einem ersten Kuss kommt. Das war im Rückblick eine witzige Kombination: Wir treffen uns zum Gottesdienst und haben dann nachher über die Predigt geredet. Dieses ‚Sonntagsritual' war natürlich auch in der Aufregung des ersten Verliebtseins sehr prägend im positiven Sinn. Weil es kein Zwang war, wir hätten uns auch woanders verabreden können."

### *Das Positive ernten, wenn du aufmachst*

„Was ich überhaupt nicht kann, ist mich selbst beurteilen", sagt die Designerin Jutta Kleinberger. „Ich kann zwar jetzt erzählen, was ich spüre oder fühle, aber ich kann nicht beurteilen, ob das, was ich sage und was ich denke, richtig oder falsch ist. Deswegen habe ich das viele Jahre hindurch auch mehr für mich behalten oder wirklich nur ausgesuchten Menschen anvertraut, weil man durch diese Öffnung oder Eigendarstellung auch angreifbar ist. So als Eigenschutz ist es besser, man sagt nichts, oder man schottet sich ab. Nur durch die Beziehung zu meinem Mann habe ich gemerkt, dass du auch das Positive ernten kannst, wenn du aufmachst und herzeigst, was du hast. Jemand sagt dann zum Beispiel: Das ist schön, was du denkst, oder es ist schön, was du hast und das schaue ich mir gerne an und ich bin gerne mit dir zusammen, egal in welcher Form. Das bereichert dann dein Leben. Und das ist eigentlich viel, viel mehr wert als vorher dieses abgeschottete Für-sich-alleine-Sein. Was hilft dir der schönste Gedanke, wenn du ihn nur alleine denkst? Sobald du den aber zu zweit denkst oder in einer Runde oder mit Familie oder Freunden, was noch viel schöner ist, dann explodiert das richtig. Deswegen sind die Menschen um mich herum ganz, ganz wichtig. Mein Mann steht da an oberster Stelle und wahrscheinlich müsste ich ihm das noch viel öfter sagen."

### *In der Beziehung verbunden bleiben*

*„Wie wichtig ist denn die Inspiration in Beziehungen?"*, fragte ich Selfnesscoach Cornelia Scala-Hausmann und ihren Lebenspartner, Weltumsegler Harald Klärner.

Cornelia: „Wenn in einer Beziehung Krisen auftauchen, wenn wieder Chaos herrscht, ist man offen für Neues. Die Bausteine werden neu gestellt und man geht vielleicht den Weg ein bisschen anders als bisher. Würde man in einer Struktur erstarren, würde die Beziehung, glaube ich, sterben. Also wäre es aus mit Inspiration und Weiterentwicklung."
Harald: „Ich sehe in der Beziehung eine große Chance für Inspiration, wo es eine Basis für gemeinsame, häufige Gespräche über alles Mögliche gibt. Das war durchaus immer fruchtbar für unsere Weiterentwicklung und unser Tun."

*Braucht man Inspiration überhaupt in Beziehungen?*

Cornelia: „Ich glaube das hängt wiederum vom Menschen ab. Für mich ist es sehr wichtig, weil ich ein Idealist bin, unverbesserlich, und daher die Inspiration auch im Alltag brauche, weil es sonst für mich fast zu banal wird. Ich brauche die Veränderung und der Weg muss sich einfach weiter winden. Der Mensch entwickelt sich am Menschen, er entwickelt sich in einer Beziehung. Er hat die Beziehung ja nicht umsonst gewählt, sondern der Partner zeigt ihm gewisse Dinge und wenn er offen dafür ist, erkennt er auch daraus gewisse Zusammenhänge. Und wenn er nicht offen ist, dann fragt er sich, was der ganze Schmarren eigentlich soll, zum Beispiel, wenn man gerade streitet. Ich denke, auch da kommt es darauf an, wie man verbunden ist. Das ist auch das Schwierige, gerade in einer Beziehung verbunden zu bleiben."

*Schafft Ihr es auch in der Beziehung, dass jeder für sich ein bisschen alleine sein kann?*

Cornelia: „Wir haben auch daran gearbeitet und man kommt anscheinend um gewisse Prioritäten nicht herum. Ich glaube, jetzt haben wir es schon umgesetzt, dass jeder auch in der Beziehung alleine sein kann mit sich. Das Alleinsein und Zurückziehen ist ja wichtig, man kommt dann umso liebevoller wieder heraus mit der jeweiligen Erkenntnis, die man im Alleinsein gewonnen hat, wo man sich wieder sammeln und auch wieder öffnen konnte."

Harald: „Mir war es nicht wichtig alleine zu sein, ich hatte nie Probleme mit Nähe und dergleichen. Ich habe das jetzt mit der Conny erleben können, dass auch das Qualitäten hat. Es war für mich etwas Neues. Jetzt beginne ich es auch irgendwie zu genießen. Manchmal ist mir aber nicht ganz klar, ob uns nicht auch etwas verloren gegangen ist mit diesen einzelnen Rückzugsmöglichkeiten."

Cornelia: „Da hatten wir gestern eine Diskussion darüber. Ich glaube es ist immer so, dass man etwas verlieren muss, um etwas Neues zu gewinnen. Beides geht nicht, man kann nicht gewinnen ohne etwas zu verlieren. Da sind diese berühmten Sprichwörter, wenn eine Tür zu geht, geht eine andere auf, man hat das sicher schon oft erlebt. Mir ist gestern so eine Erkenntnis gekommen: Wenn Menschen sich in Dingen verlieren, also voll darin aufgehen, dann finden sie eigentlich zu sich selbst. Dieses Verlieren bedeutet gleichzeitig wieder etwas gewinnen. Also kann ich mich nicht finden, wenn ich mich nicht verliere..."

### *Zeit zur Reflexion*

Welche Menschen inspirieren und faszinieren mich? Woran liegt das?

Spüre ich Energie in meinem Herzen und kann ich sie fließen lassen?

Wofür engagiere ich mich wirklich?

Welche kleinen Momente des Lebens wirken auf mich inspirierend?

Kann ich mich in Gesprächen öffnen, etwas von mir selbst geben?

Gelingt es mir, mit mir alleine zu sein, auch in einer Partnerschaft?

Was verbindet mich ganz intensiv mit den Menschen, die mir am liebsten sind?

*„Ich suche nicht,
ich finde"*
Rituale der Inspiration

Joseph Haydn hatte ein ganz spezielles Ritual, für ihn war das Komponieren eine Art Gottesdienst. Er zog immer seinen besten Anzug an, bevor er komponierte, wobei er sagte: *„Ich trete jetzt mit Gott in Verbindung und muss passend gekleidet sein."*

**Ohne meine morgendliche Übungseinheit fühle ich mich nicht ganz. Mindestens eine halbe Stunde gönne ich mir täglich, meist ist es mehr. Das ist die heilige Zeit, in der ich loslassen kann, mich leer mache und startklar für neue Anforderungen. Die Übungen habe ich mir selbst aus verschiedenen Qi-Gong-, Yoga- und Atemseminaren zusammengestellt und um eigene Bewegungsabläufe ergänzt. Obwohl der Kern seit langem gleich bleibt, ist da nichts Statisches, kommen immer wieder neue Impulse dazu. Jahrelange Praxis hat zudem den Vorteil, dass im Alltag oft nur ein kleines Übungselement reicht, um in inspirierte Stimmung zu gelangen.**

Viele meiner Interviewpartner entwickelten ebenfalls ihre eigenen Rituale. Und Sie sollten das unbedingt auch tun – zu jener Tageszeit, in der Sie sich am wohlsten fühlen (wenngleich der Morgen mit seiner Frische am kraftvollsten ist). Wie sehr sich diese Konsequenz lohnt, zeigt folgendes Rechenbeispiel: Eine halbe Stunde Auszeit pro Tag bedeutet bei 365 Tagen über 182 Stunden „Frei-Zeit für mich selbst" im Jahr. Umgelegt auf 8-Stunden-Arbeitstage haben Sie somit fast 23 zusätzliche Urlaubstage … und das nur für ein bisschen früher aufstehen und/oder später schlafen gehen!

## *Sein Innerstes zu einem Schneefeld machen*

Der Journalist und Autor Helmut Gansterer unterscheidet in seinem Leben zwei Perioden: die Linkshirnhälftige und die Rechtshirnhälftige. „Die Linkshirnhälftige war bedingt durch mein viereckiges Studium Maschinenbau verbunden mit dem Halbstudium Nationalökonomie, das ebenfalls schon sehr methodisch geworden war. Daher gerieten die ersten journalistischen wie auch dichterischen Sachen nach strengem Plan. Das Skelett einer Geschichte habe ich von vornherein festgelegt. Das hatte eine frierende Note, weil das Stahlskelett durchschien. Künstlerisch war das völlig unbefriedigend." Für Gansterer hat sich das aus zwei Gründen geändert: „Zum Ersten, weil ich eine Mindestordnung schaffen konnte, auch wenn ich völlig emotional war. Ganz entscheidend war für mich der sensationelle Satz von Pablo Picasso: ‚Ich suche nicht, ich finde.' Zweitens war ich namhaft genug und konnte bei einem Thema gelassen gewogen warten, bis mir etwas zuflog. Das in der berechtigten Hoffnung, dass dies meinem Organismus extrem zuträglich ist." Das wiederholte Aufsuchen vieler asiatischer Länder und vor allem seine lange Beschäftigung mit dem Zen-Buddhismus trug zu folgender Erkenntnis bei: „Lerne dich leer zu machen. Mache dein Innerstes zu einem Schneefeld, wo auch das kleinste Rußpartikel auffällt." Gansterers „gourmetmäßige Vorgangsweise", sich nur das Beste aus dieser Lehre herauszusuchen, hatte Erfolg: „Zweimal durfte ich erleben, wie ich völlig wesenlos, körperlos, durchlässig für den Kosmos wurde. Einmal war das in einem Tao-Garten, wo man das auch erwarten kann, und ein anderes Mal beim Gmachl in Elixhausen, im Gastgarten bei einer Flasche Wein."

*Seinen Garten pflegen*

Für den Lebensunternehmer Vjekoslav Martinko aus Lovran, Kroatien, ist es wichtig „seinen Garten zu pflegen." Seine tägliche Morgenroutine dauert etwa eineinhalb Stunden. „Nach dem Erwachen nehme ich eine lange, lange Dusche. Zum Wasser sage ich: ‚Oh Wasser, nimm von mir weg, was zu lange da geblieben ist.' Dann lege ich mich in die Nähe des Fensters und trinke frische Luft tief in mich hinein und atme aus, was von Stress oder von Sachen, die ich nicht gerne mache, übrig geblieben ist. Dem folgen Atemübungen und die fünf Tibeter, anschließend eine Chakra-Übung und eine Entspannung, abgeleitet vom Autogenen Training. Mein ganzer Körper entspannt und beruhigt sich. In einem kontemplativen Gebet, einer Meditation mit Atmung, verbinde ich mich mit dem Größeren als ich, mit der Quelle des Lebens. Anschließend bitte ich in einem Gebet, dass alle meinen heutigen Gedanken, mein Hören, meine Gespräche, mein Verständnis, meine Aktionen, meine Situationen aus Gottes Perspektive für mein höchstes und bestes Glück geschehen. Und dann geht's los, der Tag beginnt! Am Abend mache ich einen Rückschau des Tages, aber diese Abendroutine muss ich noch ein bisschen verstärken."

*Immer im Fluss sein und positiv denken*

Welche Methode hat der Chocolatier Josef Zotter, wenn er über eine neue Schokolade nachdenkt? „Ich gehe nicht her und sage, jetzt möchte ich eine neue Schokolade erfinden. Man muss es einfach zulassen. Wenn ich im Betrieb oder am Sonntag oder in der Natur oder sonst irgendwo unterwegs bin, habe ich immer die besten Einfälle. Dass ich mich hinsetze und Ideen produzieren muss, das würde nicht funktionieren. So wie hier auf meinem Zettel, auf den ich immer Stichwörter aufschreibe. Das passiert ständig, den habe ich immer mit. Diese Stichwörter hole ich mir her, wenn ich am Abend wirklich Zeit habe. Heute sind zum Beispiel Dinge drauf, die eher den Betrieb betreffen. Und dann stellt man sich die Frage, was war denn das, warum ist das gekommen? Das analysiere und denke ich dann weiter. Wenn die Idee da ist, ist es ja leicht. So eine Idee ist oft simpel und trotzdem kann man sie nicht herzaubern. Es passiert ständig und man muss sie nur fassen. Das ist die Kunst dabei. Jeder Mensch hat viele Ideen, das Hirn arbeitet ja ständig, aber nur die wenigsten können sie fassen. Viele Leute haben kein Selbstvertrauen und glauben auch nicht an ihre Ideen. Sie sagen sich vielleicht, mir ist eh noch nichts gelungen und es wird mir nie etwas gelingen. Es ist einfach das negative Denken. Wenn man aber positiv eingestellt ist und eine Freude hat, dann lässt man das automatisch zu. So einfach ist das."

*Seine Stimme und seinen Platz finden*

Rückzug ist für den Lautenspieler Hopkinson Smith die beste Einstimmung für einen Auftritt: „Wenn ein Konzert am Abend ist, dann schlafe ich jetzt immer mehr als früher. Ich ziehe mich richtig zurück, für ein oder zwei Stunden. Und das ist eine gute Vorbereitung. Natürlich versuche ich am Tag des Konzertes alles einmal oder mehrmals durchzuspielen. Wenn zum Beispiel im Konzert vorher etwas nicht so gut gelungen ist, dann denke ich darüber nach und probiere es besser zu machen. Wenn ich um elf Uhr ein Konzert habe, stehe ich immer um sieben Uhr auf. Und das ist nicht nur zum Üben, sondern auch um mich ein bisschen zu bewegen, sodass alle Spuren von Schlaf weg sind. Dann bin ich um halb zehn im Saal und übe fast eine Stunde. Ja, es ist wichtig im Saal seine Stimme und seinen Platz zu finden. Es ist anders, wenn Leute da sind, aber ich muss mich geografisch orientieren, die Besonderheiten des Saales kennen lernen. Dazu gehört auch den richtigen Stuhl für mich zu finden."

*Die Negativität auflösen*

Der Filmemacher David Lynch beschreibt, wie sehr echte Wut seinen Geist belagerte, so dass nur mehr wenig Platz für Kreativität blieb. „Es ist so befreiend, wenn sich die Negativität aufzulösen beginnt. Die Arbeit wird dadurch sehr stark gefördert", erklärt der Schöpfer von Filmen wie „Der Elefantenmensch", „Wild at Heart" oder „Lost Highway" in einem ZEIT-Interview. Seit 34 Jahren praktiziert Lynch transzendentale Meditation: „Es gibt etwas tief, tief drinnen, das allmächtig ist, völlig positiv, so dynamisch und majestätisch. Unglaubliche Kreativität, Intelligenz, totales Wissen. Es kann erfahren und unendlich genossen werden. Alles ist mit dem Bewusstsein verknüpft. Bewusstsein ist der Schlüssel – je mehr Bewusstsein, desto mehr Wachsamkeit, Intelligenz, Liebe und Glück." Moderne Wissenschaft habe, so Lynch, 300 Jahre gebraucht, um das ‚Vereinte Feld' zu entdecken. „Das ist die Basis aller Materie und des Geistes, die Einheit aller Partikel und Kräfte, die die Schöpfung ausmachen und Schöpfung sind. Wenn man es erfährt, belebt es einen, man wächst darin. Das ist das Geheimnis. Es ist die wirklich schönste Erfahrung."

*Zeit zur Reflexion*

Aus welchen Elementen könnte mein Inspirationsritual bestehen?
Dabei denke ich an Dinge, die mir gut tun, bei denen ich loslassen kann.

Wann starte ich damit?

Hat mich in diesem Kapitel schon ein Ritual angeregt, das ich selbst machen könnte?

Was davon passt überhaupt nicht zu mir?

Woran würde ich und meine Familie merken, dass sich meine „Frei-Zeit für mich selbst" positiv auswirkt?

Neige ich eher zur positiven oder zur negativen Denkweise?

Was kann ich tun, um mehr positives Bewusstsein zu entwickeln?

*„…der Wald mit seinen Wundern und seinem Grauen…"*
*Orte der Inspiration*

*„...aber ihr müßtet nur die Lage sehen, nur den Weg zu seinem Häuschen. ... Das Gefühl, wenn er hier seine beiden Gittertore hinter sich zuschließt, könne ihm niemand nachfühlen. Hier übertrifft es an Ruhe und Sicherheit und dionysischen Wundern und Entrückungen bei weitem das von ihm so geliebte Steinbacher Wiesen-Häuschen. Hier arbeitet er bei allen vier weit offenen Fenstern und atmet so fortwährend die köstlichen Waldeslüfte und – düfte ein..."*
Natalie Bauer-Lechner[15]

## *Ein Platz purer Inspiration*

Noch heute umfängt den Besucher ein seltsamer Zauber, wenn er das lärmige Treiben des Maierniggbades am Südufer des Wörthersees hinter sich lässt, ein paar Minuten durch den Wald spaziert und endlich vor dem Komponierhäuschen von Gustav Mahler steht. Ein Platz purer Inspiration: der einfache, gemauerte, quadratische Bau mit einem Zimmer, ganz und gar nach Mahlers Angaben und Erfordernissen entworfen, rundherum nur Wald, darunter die Süduferstraße und direkt am See die Mahler-Villa. In den sechs Sommern, die Gustav Mahler hier von 1902 bis 1907 verbrachte, schuf er unter anderem die Symphonien 5, 6, 7 und 8, drei Kindertotenlieder, Skizzen zum Lied von der Erde. „Ich fühlte, daß dieses Haus ihm nicht gesund war, weil es zu tief im Walde steckte und nicht unterkellert war", schreibt Alma Mahler in ihren Erinnerungen. „Ich konnte aber nichts tun, um ihn an diesem Aufenthalt zu hindern, da er ihn so liebte." Und weiter: „Im Zimmer stand ein Flügel und auf den Regalen ein vollständiger Kant und Goethe. Außerdem nur Noten von Bach."[16]

Mahlers Lebensweise war in all den Jahren die gleiche. „Er stand im Sommer jeden Tag um sechs, halb sieben Uhr auf", erinnert sich Alma Mahler. „Im Moment, wo er erwachte, läutete er nach der Köchin, die sofort das Frühstück fertig stellte... Die Köchin durfte den regulären Weg nicht gehen, weil er ihren und überhaupt niemandes Anblick vor der Arbeit ertragen konnte, und so musste sie jeden Morgen einen schlüpfrigen Kletterweg mit allem Geschirr hinaufsteigen."[17]

Welchen Einfluss diese Umgebung auf sein Werk hat, beschreibt Gustav Mahler selbst so: „Diesmal ist es auch der Wald mit seinen Wundern und seinem Grauen, der mich bestimmt und in meine Tonwelt hineinwebt. Ich sehe immer mehr: Man komponiert nicht, man wird komponiert!"

*Unbedingt alleine sein*

Orte absoluter Ruhe waren und sind für viele Künstler eine Grundvoraussetzung für ihre Arbeit. Für Giacomo Puccini war es Torre del Lago, damals ein kleines Fischerdorf in der Nähe von Lucca. „Hier habe ich die Abgeschiedenheit und Zurückgezogenheit gefunden, die für mich unbedingt notwendig sind, wenn ich komponiere. Mozart und Schubert konnten inmitten der größten Unruhe und Heiterkeit komponieren, aber ich kann es nicht. Ich muss unbedingt allein und ungestört sein."[20]

*Ganz wilde Mischungen*

Bildende Künstler betreiben Ideenfindung der anderen Art. Die meisten berühmten Maler haben sich im Laufe Ihres Lebens in ihrem Haus große Beispielsammlungen angelegt, weiß die Kunsthistorikerin Andrea Stockhammer zu berichten. „Diese erstaunlich vielfältigen Kunstsammlungen waren eine ganz wilde Mischung aus allen möglichen Dingen. Auch wenn sie selber ‚nur' als Maler tätig waren, haben sie Skulpturen, Münzen und Naturalia gesammelt, also alles, was sie irgendwie angesprochen hat. Ja, ich glaube, dass Inspiration als ein kreativer Prozess etwas Ungelenktes, Chaotisches hat. Dementsprechend ist diese Inspirationssammlung total bunt gewesen. Der Inspiration wurde auch auf die Sprünge geholfen, indem man sich mit zeitgenössischen Künstlerkollegen beschäftigt hat."

*Loslassen in der Natur*

Orte der Inspiration schauen für Menschen des 21. Jahrhunderts gar nicht so viel anders aus. Wie ich selbst können die meisten meiner Interviewpartner in der Natur am besten loslassen und damit neue Ideen finden, vor allem auf Bergen, am Meer oder im Wald. Ebenso hoch wie die Natur stehen Kunst und Kultur als Inspirationsanreger im Kurs. Dazu zählen zum Beispiel die Biennale in Venedig, Museen in großen Städten, Konzertsäle wie der Goldene Saal im Wiener Musikverein oder der Mozartsaal im Wiener Konzerthaus. Auch die Atmosphäre in Kirchenräumen wie etwa in Melk, Gurk oder in der Toskana wird als inspirierend empfunden.

Zur Selbstfindung und inneren Einkehr werden gerne Klöster aufgesucht, um ungestört Stille und Abgeschiedenheit erleben zu können. Selbst ein kreativ gestalteter Arbeitsplatz kann diese Wirkung entfalten. Sehr beliebt sind auch das Rasenmähen, Autofahren oder Duschen (danach heißt es allerdings schnell abtrocknen, um die Inspiration rechtzeitig niederzuschreiben zu können). Und letztlich jenes Örtchen, an dem man gewiss alleine ist und loslassen muss: die Toilette (siehe auch Seite 88/89).

## *Das Geheimnis der „Oase Lockenhaus"*

Für Kammermusikfreunde gilt Lockenhaus im Burgenland seit vielen Jahren als Geheimtipp, wo junge MusikerInnen mit arrivierten KünstlerInnen zusammentreffen und ungewöhnliche Programme gestalten. Aufmerksam wurde ich auf diesen Ort durch das Interview mit dem Dirigenten Michael Fendre. Da der Pfarrer und Festivalgründer Josef Herowitsch mitten in der Saison Zeit für ein Interview hatte, tauchte ich für ein Wochenende in das musikalische Geschehen ein, das oft bis nach Mitternacht dauern kann. Im Gespräch mit Josef Herowitsch wollte ich wissen, was die „Oase Lockenhaus", wie der künstlerische Leiter Gidon Kremer das formuliert hat, ausmacht. Ob das etwas mit Inspiration zu tun habe?
„Ja, das glaube ich schon, weil all das, was Künstler heute so ablenkt, hier nicht der Fall ist. Wer steigt wo ab, wer wohnt schöner oder reicher? Diese ganze Gegend ist sehr schön, weil alles was ablenken würde, von vornherein nicht da ist. In einer Großstadt ginge dieses Fest unter. Als Gidon Kremer damals im Jahre 1981 anfing, hat ihm sofort Salzburg angeboten es dort zu machen, sie würden für alles aufkommen. Aber er wollte es irgendwo machen, wo eben diese Ablenkungen fehlen. In Lockenhaus ist von Haus aus eine Atmosphäre, die kann man nicht machen, die ist einfach da. Man kommt herein und sieht die schöne, prächtige Barockkirche und dahinter die Burg. Das Klima hier ist ein bisschen rau, im Sommer ist es nicht so schlimm. Rundherum Wald und Abgeschiedenheit, es gibt nicht einmal einen Ort, an dem man sofort ist, man ist auch fast ein bisschen müde dort hinzufahren.

Es ist wirklich das im Mittelpunkt, was es sein sollte: die Musik. Und Künstler wollen ja zu allererst Musik machen und das spielen, was ihnen Spaß und Freude bereitet. Aber oft müssen sie das spielen, was ihnen die Veranstalter oder irgendwelche Plattenfirmen aufzwingen.

Denen geht es um das Geschäft und dem echten Künstler geht es um die Musik. Die echten Künstler spüren auch, dass sie eine Verantwortung haben. Die Idee von Lockenhaus war, bereit zu sein, sich zu öffnen, hinzuhören – auch für Neues, für Überraschungen. Wir geben ja nicht an, was wir spielen, sondern nur die Zeit und den Ort... Wenn die Leute dann herkommen, erleben sie oft den Überraschungseffekt: Ah, ist das wunderbar! Und das soll ja auch sein, dass man sich offen hält für das, was auf einen zukommt und geschenkt wird."

 *Zeit zur Reflexion*

Wo sind meine ganz persönlichen Orte der Inspiration?

Wann habe ich diese zuletzt besucht?

Wo gelingt es mir am besten loszulassen und zu neuen, ungewöhnlichen Ideen zu kommen?

Bin ich eher der Typ, der Ruhe und Abgeschiedenheit braucht?
Oder regen Trubel und Ausgelassenheit meine Phantasie mehr an?

Wie könnte ich meinen Arbeitsplatz und mein Zuhause noch inspirierender gestalten?

Liebe ich eher das Puristische (wie Gustav Mahler in seinem Komponierhäuschen) oder doch das Bunte, Chaotische (wie viele Maler in ihren Sammlungen)?

Bei welcher Gelegenheit war ich so überrascht, dass ich ‚Ah, ist das wunderbar!' gesagt oder gedacht habe?

## Was am meisten inspiriert
*Die besten Räume, Tätigkeiten und Voraussetzungen für Inspiration*

Inspiration lässt sich in keinen Raster pressen. Vielleicht macht es Ihnen aber Spass zu sehen, woher meine Interviewpartner (und ich selbst) Inspirationen gewinnen.

### Verbundenheit mit der Natur
- am Berg
- im Wald
- an Seen
- am Meer
- Sonnenauf- oder -untergänge
- Licht in allen Formen

### Anregende Umgebung
- Kirchen
- Klöster
- Konzertsäle
- Museen, Galerien
- kreativ gestaltete Arbeitsplätze

### Horizonterweiterung
- Stille
- Meditation
- Bücher
- Musik
- Reisen
- Gespräche und Begegnungen
- Kunst und Kultur

### Tun und lassen
- Rasenmähen
- Autofahren
- Blumen pflegen
- Spazieren gehen
- Musik hören
- Schwimmen
- Fotografieren
- Duschen
- Entleeren

### Inspiration braucht
- Loslassen
- Empfänglichkeit
- Ruhe
- Abstand gewinnen
- Perspektivenwechsel
- Horizonterweiterung
- der inneren Stimme folgen
- Zuhören
- Wachsam sein
- Achtsamkeit
- Konsequenz
- Übung
- Konzentration auf das Wesentliche
- Bauchgefühl
- Gefühl der Freiheit
- Leben im Jetzt
- Authentisch sein und bleiben
- Selbstvertrauen
- Selbstbestimmheit
- Gedankenkontrolle
- Ideen sammeln
- Positivität
- Freude
- Leichtigkeit
- Tun, was einem gut tut
- Einfachheit

## Landkarte der Inspiration

Aus den Orten, die ich während der Recherche für dieses Buch bereist habe, den Orten, die meine GesprächspartnerInnen im Lauf der Interviews als besonders inspirierend genannt haben, und Zitaten ergibt sich diese Landkarte der Inspiration. Sie beginnt in der eigenen Wohnung und vor der Haustüre und erstreckt sich über Kärnten, Österreich sowie Teile Europas bis nach Nordamerika und Südafrika. Ergänzen Sie dieser Aufzählung doch um Ihre Orte der Kraft…

*Kärnten:*
Klagenfurt: Radetzkystraße, Kreuzbergl Weinhandlung Sussitz, Maiernigg, Mahler Komponierhäuschen
Velden
Villach
Krastal bei Villach
Kötschach-Mauthen
Maria Saal
St. Georgen am Längsee
St. Veit an der Glan
Pulst, Liebenfels
Gurk
Petzen bei Bleiburg
Turracher Höhe

*Steiermark:*
St. Lambrecht
Graz
Riegersburg

*Burgenland:*
Lockenhaus
Bernstein

*Wien:*
Konzerthaus
Kunsthistorisches Museum
Museum für Angewandte Kunst
Museum für Moderne Kunst
Musikverein
Schlosspark Schönbrunn
Teehaus artee

*Oberösterreich:*
Melk
Wolfgangsee

*Salzburg:*
Elixhausen

*Tirol:*
Alpeiner Gebiet

*Italien:*
Terra Rossa (bei Sella Nevea-Tarvis)
Abano
Venedig
Torre del Lago
Sant'Antimo bei Montepulciano

*Schweiz:*
Dornach, Goetheanum

*Deutschland:*
Ulm
Abtei Niederaltaich

*Spanien:*
Bilbao
Lanzarote

*Frankreich:*
Paris

*Großbritannien:*
London

*Kroatien:*
Kvarner Bucht mit Opatija,
Lovran und Insel Cres

*Griechenland:*
Helikon
Parnass
Delphi
Kreta

*Türkei:*
Istanbul

*Israel:*
Jerusalem

*USA:*
New York
Big Sur (Kalifornien)
Boston

*Südafrika:*
Kapstadt

Entsprechende Links sowie persönliche Empfehlungen des Autors finden Sie auf der Website
www.haraldschellander.net

*„Ein inspirierendes Umfeld wird zum Standortvorteil"*
*Wie Inspiration unser Wirtschaftsleben verändert*

*Am besten kann man die Leute zu herausragenden Leistungen inspirieren,
wenn man sie durch alles, was man tut,
und durch seine Einstellung Tag für Tag davon überzeugt,
dass man sie rückhaltlos unterstützt.*

Harold S. Geneen, ehemaliger Vorsitzender von ITT

Was hat Inspiration im Job und am Arbeitsplatz zu suchen, fragen sich noch immer einige Management-Gurus und tun das als Luxus ab, der mehr Schaden anrichtet als nützt. Parallel dazu boomen Vorträge, Seminare und Workshops mit Themen wie Spiritualität, Werte, Ethik, Sinn für Führungskräfte und Mitarbeiter. Viele Menschen sind am Rande ihrer Kapazitäten angelangt, immer mehr haben die Grenze zum Burn out schon überschritten. Gewinnmaximierung, verschärfter Wettbewerb aber auch der eigene Hang zum Perfektionismus fordern ihren Tribut. Wer wünscht sich nicht, die Arbeit und „das Leben" in Balance zu bringen? Andere Sichtweisen auf das eigene Da-Sein tun not. Inspiration kann Sie selbst und Teams dorthin führen, wo der Beruf zur Berufung wird.

## *Bestimmung, Aufgabe, Berufung*

Die Menschen, die im Laufe der Geschichte am inspirierendsten waren, besaßen nach dem kanadischen Unternehmensberater, Lance Secretan, ein inneres Wissen über ihre
- Bestimmung (Warum bin ich hier auf Erden?)
- Aufgabe (wie ich sein werde, während ich hier bin – wofür stehe ich?)
- Berufung (was ich tun werde und wie ich meine Talente und Gaben nutzen werde, um zu dienen).

## *Mit Leidenschaft seine Träume verwirklichen*

Über dieses innere Wissen verfügt Guy Laliberté, der Gründer des Cirque du Soleil, gewiss. Er bekam 2007 den Titel „World Entrepreneur of The Year". Die renommierte Auszeichnung wird von einem Unternehmen verliehen, das strenge wirtschaftliche Kriterien mit „Soft-facts" wie Inspiration zu verbinden weiß: dem Prüfungs- und Beratungsunternehmen Ernst & Young. Dementsprechend wird die Wahl des Preisträgers so begründet: „Guy Laliberté hat mit seiner Lebensgeschichte besonders eindrucksvoll bewiesen, wie man mit einer Vision, Leidenschaft und Engagement seine Träume verwirklichen kann." Der einstige Straßenkünstler ist heute für das perfekteste Illusions-Unternehmen der Welt verantwortlich: Mit über 3.500 Mitarbeitern aus 40 verschiedenen Ländern wird ein Jahresumsatz von rund 600 Millionen US-Dollar erzielt. Über 50 Millionen Menschen weltweit haben bisher eine seiner Shows gesehen. Zusätzlich engagiert sich Guy Laliberté vor allem für Jugendliche aus sozial schwierigen Verhältnissen.

## *Kreative ziehen Kreative an*

Doch die Menschen suchen Inspiration und Kreativität nicht mehr nur im dafür vorgesehenen Rahmen wie Theater, Galerien, Kinos, Konzerthallen. Das Zukunftsinstitut von Matthias Horx beschreibt den Wandel von der Wissensgesellschaft zur Creative Economy: „Um weiterhin wachsen zu können, müssen wir lernen, kreatives Kapital zu entwickeln und zu nutzen. Der Wert des Unternehmens wird zukünftig vermehrt danach beurteilt, in welchem Maß es gelingt, kreative Köpfe anzuziehen und ‚Strukturen' zur Verfügung zu stellen, in denen sich das kreative Potential optimal entfalten kann." Ein inspirierendes Umfeld werde zum Standortvorteil: gute Bildungsmöglichkeiten (Unis, Institute), ausgeprägte Subkultur mit breitem kulturellem und gastronomischem Angebot, hoch diversifizierte Bevölkerung, gute technologische Infrastruktur. Kreative ziehen wieder Kreative an.

Die Übergänge zwischen Leben und Arbeiten werden immer fließender. „Unser Gefühl dafür, an welchen Orten und in welchem Umfeld wir besonders effektiv und kreativ sein können, wird zunehmen und ebenso, wann wir am besten in den hochproduktiven Flow-Zustand kommen", blickt das Zukunftsinstitut voraus. Das persönliche Energiemanagement gewinnt an Bedeutung: Pausen machen, spielerische Phasen einschalten, gesunde Lebensweise, sowie bewusstes Beziehungsmanagement innerhalb und außerhalb des Arbeitsumfeldes.[19]

## *Klima der Offenheit für neue Ideen*

Kreatives Handeln und innovatives Schaffen entfalten sich nach Richard Florida dort besonders gut, wo ein Klima der Offenheit für neue Ideen und Einflüsse für Anders- und

Gleichdenkende, sowie ein positiver und produktiver Umgang mit unterschiedlichen Sichtweisen und Fähigkeiten herrschten. Kreative, so der Professor für Wirtschaft und Kreativität an der Universität Toronto, arbeiten daher am besten in einem Milieu der Vielfalt unterschiedlicher Ethnien, Kulturen und Subkulturen, sowie Lebens- und Arbeitsformen, in denen ein hohes Maß an motivierendem Wissensaustausch stattfindet. Wechselseitige Toleranz, Anerkennung und Respekt sowie ein diskriminierungsfreies Stadtklima mit einem lebendigen Streetlife gelten als Grundvoraussetzung dafür, dass sich Individualität und Selbstentfaltung überhaupt erst entwickeln können. Der notwendige Freiraum für Inspiration und kreative Stimulanz kann durch eine positive Wertschätzung von Heterogenität entstehen. Kreativität und die Offenheit für „das Andere" und „das Fremde" bedingen sich laut Florida gegenseitig.

## *Ein Büro zum Walzertanzen*

Um Mitarbeiter langfristig an sich zu binden und das Beste in ihnen zu fördern, wird ein derartiges Arbeitsklima ebenso wichtig werden wie leistungsgerechte Bezahlung. Der Produktentwickler Roland Waldner wollte eine Arbeitsumgebung haben, „in der ich mich so wohl fühle wie zu Hause. Immerhin verbringe ich sehr viel Lebenszeit hier. Jeden Morgen beim Betreten der Abteilung hatte ich das Gefühl eines Nahtoderlebnisses: Der erste Blick fiel auf einen langen dunklen Gang, an dessen Ende ein Licht zu sehen war. Meine Ideen der Umgestaltung stießen nicht bei allen Teammitgliedern gleich auf Begeisterung. Zum Glück habe ich ein Managementteam, das mich unterstützt und ich fand auch einen Mitstreiter, dem das genau so ein Anliegen war. Für die Konzeption war auch Günther Sator, der bekannte Feng-Shui-Spezialist, bei uns." Sätze wie zum Beispiel „Bring den Walzer in dein Büro! Unterbrich alle langen, geraden Gänge mit Möbeln, Pflanzen, Mobiles oder ähnlichem, damit das Chi wie ein tanzendes Paar durch die Räume fließen kann", begleiteten Waldner bei der Umgestaltung. Er ging daran, die Neugestaltung rund um das Walzertanzen aufzubauen. „Vor dem Umsiedeln haben wir mit dem ganzen Team unter der Anleitung einer Malerin einen Mal-Workshop abgehalten. Alle Bilder, die nun im Büro hängen, sind von den Mitarbeitern. Das Bild beim Eingang ist ein Gemeinschaftswerk von uns allen." Die Büros sind jetzt eine Oase mit vielen Grünpflanzen, Wänden in Rot-, Gelb- und Ockertönen, oft individuell gestalteten Schreibtischen, Kommunikationsecken z.B. mit einem Brunnen oder einer Kaffeemaschine. Die Besprechungsräume tragen Namen wie Martinique oder Java. „Jeder Mitarbeiter hat nur mehr einen Tisch, die Unsitte der Ecktische haben wir abgeschafft. Das zwingt gewissermaßen zur Ordnung und zur Reduzierung." Die inspirierende Umgebung hat sich bereits positiv ausgewirkt. „Wir haben heuer im Halbjahr bereits so viele zusätzliche Erfindungsvorschläge eingebracht wie im gesamten letzten Jahr." Vorgesetzte müssten sich aber über die Folgen klar sein, wenn sie Kreativität und Innovation in ihrem Unternehmen installieren wollen. „Das ist ein großer Felsen, der ins Rollen gebracht wird und zum Schluss eine ziemliche Lawine auslösen kann", sagt Waldner. „Wenn die Führungskräfte aber sagen, sie wollen auf der einen Seite Lawinen auslösen, auf der anderen Seite aber schon wieder Lawinenverbauungen errichten, damit ja nichts passiert, dann wird das ganze System nicht funktionieren. Dann kann man nur sagen, es war ein netter Versuch, aber es war eine Totgeburt."

*Interaktions- und Rückzugszonen*

Den Prototyp für zukünftige Arbeitsplätze hat das Institut für Arbeitswirtschaft und Organisation des Fraunhofer Instituts entwickelt. Auf der Basis neuester Erkenntnisse der Kreativitätsforschung schaut das so aus: Im Eingangsbereich bietet eine Aktionszone die ideale Struktur für informelle Kommunikation. Von dort geht es in die Interaktionszone mit intelligentem Mobiliar, Plug-and-work-Arbeitsplätzen, versenkbarem Konferenztisch, Virtual-Reality-Equipment sowie der Sitz-Liegelandschaft Frozen Cloud für informelle Kreativ-Meetings. Für die Inkubationsphase gibt es eine visuell und akustisch abgestimmte Rückzugszone in Form eines kokonartigen Raumes, der durch verschiedene Reize das laterale, verknüpfbare Denken stimulieren soll, unter anderem durch individuell steuerbare Farb- und Lichtverhältnisse, digitale Projektionen, Sauerstoffdusche und spezielle Klimatechnik.

*Wie man Mitarbeiter auf 1763 Meter Seehöhe hält*

Ein inspirierender Platz erster Güte für Gäste und MitarbeiterInnen ist das Hotel Hochschober auf der Turracher Höhe. Hotelierin Karin Leeb weiß aber, dass die Idylle in 1763 Meter Seehöhe auf Dauer für Mitarbeiter zu wenig ist: „Für uns ist es ein großes Ziel, Mitarbeiter, die hier ihren Lebensmittelpunkt gewählt haben, auch langfristig an uns zu binden. Wir investieren sehr, sehr viel durch die Mitarbeiterakademie, die Reisen, die Weiterbildung und die laufenden Schulungen." Was taten die Leebs zum Beispiel, um zu vermeiden, dass das originale chinesische Teehaus, das sie errichtet haben, ein Fremdkörper wird? „Wir sind mit Mitarbeitern zehn Tage durch China gefahren, haben vornehmlich Teehäuser und Teeplantagen besucht und den Weg des Tees und die Kultur kennen gelernt. Wichtig war auch das Eintauchen in das chinesische Essen. Und es hat wirklich funktioniert, dass dieser Geist und auch diese Begeisterung für das Land und für die Kultur übergesprungen sind."

Eine weitere Quelle der Inspiration für Geschäftsführung und Mitarbeiter ist die gemeinsame Weiterentwicklung. Dazu werden auch außergewöhnlich neue Impulse hereingeholt. „Die Geschäftsführung hat zum Beispiel an einem Lachseminar teilgenommen. Da sind wir ein bisschen skeptisch hineingegangen. Aber das Lachen war dann auch der Türöffner für die Aktivierung einer anderen Gehirnhälfte und dadurch eine Bewusstseinserweiterung. Wichtig ist, sich nicht auf den bewährten, vertrauten Wegen zu bewegen, sondern wirklich etwas Neues auszuprobieren, das nicht unbedingt etwas mit unserem Beruf zu tun haben muss."

*Der Blick auf Umsatzzahlen behindert die Kreativität*

Dieses Credo lebt der Chocolatier Josef Zotter vor, sogar weit von Grundsätzen der Betriebswirtschaft entfernt, die sonst den Status der Allgemeingütigkeit haben: „Die blöde Lebenserfahrung hindert einen kreativ zu sein. Man hat Ideen und denkt dann, die Idee ist vielleicht nicht so gut, weil mir das und das schon passiert ist. Das versuche ich fieberhaft auszuklammern. Deshalb schaue ich mir nie Umsatzzahlen an, weil es die Kreativität behindert. Stellen Sie sich vor, ich würde bei meinen Produkten Umsatzzahlen anschauen, dann würde es ja zwei Drittel der Produkte nicht geben. Ich gehe oft her und nehme die meist verkauften Produkte aus dem Sortiment, weil ich Lust dazu habe. Und die schlecht verkauften lasse ich drinnen weil ich sage, das gibt's ja nicht, die sind so gut. Man muss es dann erwarten können. Ich habe 170 Produkte, 50 verkaufen sich gut und der Rest eigentlich nicht so besonders. Aber die 50 tragen den Rest auch mit. Wenn ich einen Betriebsberater engagieren würde, der würde als erstes mein Sortiment straffen: Das streichen wir weg und das auch noch, weil's nichts bringt. Dann bleiben die Cash cows übrig und was ist dann? In fünf Jahren sind die Cash cows auch nicht mehr aktuell."

*Inspiration und Herzblut per Email*

Dass sich Inspiration auch in geschäftlichen Emails entfalten kann, erfuhr ich durch ein Schreiben meines Internetproviders manitu. Es sprühte vor Herzlichkeit und Ehrlichkeit und begann so:

> Lieber Herr Schellander,
>
> heute ist es nun soweit. manitu wird 10. Eigentlich sind wir damit schon
> fast ein Dinosaurier in der IT-Branche.
> Am 21. August 1997 machte ich meiner inneren Berufung folgend mein Hobby
> und meine Vision zu meinem Beruf. Ich lasse heute nun 10 Jahre
> selbständige Tätigkeit Revue passieren und kann mit Stolz sagen, dass
> es die beste Entscheidung meines Lebens war. Wie in jedem Beruf und in
> jedem Unternehmen gab, gibt und wird es immer wieder weniger gute und
> bessere Momente und Zeiten geben. Und ich bin durch jeden um eine
> Erfahrung reicher, erfahrener und glücklicher geworden. Ich habe in
> manitu die letzten 10 Jahre unendlich viel Herzblut gesteckt, und jeder
> Tropfen war es wert. Ich könnte mir nichts Besseres vorstellen. Es mag
> vielleicht etwas seltsam oder befremdlich klingen, aber so gesehen
> `liebe` ich mein Unternehmen.
> Aus der kleinen One-Man-Show ist mittlerweile ein beachtliches
> Unternehmen gewachsen. Es war mir dabei immer wichtig, dass wir unsere
> Anfänge und das, was uns ausmacht, niemals vergessen: Unsere
> Menschlichkeit. Ich bin der festen Überzeugung, dass auch mittlere und
> große Unternehmen einem kleinen Unternehmen in Bezug auf Individualität,
> Spontaneität und Qualität des Services in nichts nachstehen müssen. Die
> Menschen machen den Unterschied.
>
> Mit herzlichen Grüßen
> Ihr Manuel Schmitt

Diese Botschaft wiederum inspirierte mich, Herrn Schmitt ebenfalls via Email zum Thema Inspiration zu befragen. Bald danach lag folgende Antwort in der Eingangsbox:

*Was ist für Sie Inspiration?*

Inspiration ist für mich, auf dem guten Beispiel anderer Menschen basierend eigene Ideen zu einem Erfolg zu machen.

*Gab es entscheidende Momente in Ihrem Leben wo Sie sagen, da war Inspiration im Spiel?*

Ja! So bin ich z.B. durch meinen Freund Björn Harste (www.shopblogger.de) dazu gekommen, ebenfalls ein Firmen-Blog zu eröffnen (ich schreibe unter www.hostblogger.de)

*Wodurch lassen Sie sich inspirieren?*

Durch Menschen, die mit gutem Beispiel im Leben vorangehen, die ihre Träume zu Visionen machen, die ihre Visionen in die Tat umsetzen, die ihre Ziele klar setzen und in diese ihr Herzblut legen.

*Wie inspirieren Sie Mitarbeiter, Kunden, Familie, Freunde?*

Ich inspiriere Mitarbeiter, in dem ich ihnen ein Erfolgsmodell aufzeige (=manitu), das zugleich Spaß macht. Indem ich ihnen zeige, dass ein Unternehmen eine zweite Familie sein kann, in der Freiräume und Ehrlichkeit und kein unternehmerischer Zwang vorherrschen.

*Brauchen Unternehmen Inspiration?*

Ja, sofern man es als Unternehmer möchte, dass sich die eigenen Mitarbeiter kreativ und frei entfalten können. Alles andere führt nur zur Entwicklung von „Arbeitstieren"!

*Zeit zur Reflexion*

Wie gehe ich mit meinen Kapazitäten um?

Was sind meine Bestimmung, Aufgabe und Berufung?

Bringe ich in meinem Job Vision und Leidenschaft ein?

Bin ich offen für Anderes und Fremdes?

Ist mein Arbeitsplatz zum Walzertanzen geeignet?

Wie groß ist mein Bereitschaft wirklich Neues auszuprobieren?

Wo stecke ich mein Herzblut hinein?

## Auszeit

Fotografische Inspirationen

Etwas liegt auf deinem Weg.
Es spricht dich an.
Du lässt dich ansprechen.
Es löst etwas in dir aus.
Für diesen Moment?
Oder den nächsten?
Für dein ganzes Leben!

HJS

…freilich war die Buchenallee unter der Sternwarte schon da. Aber die Muster in den Rinden, diese Ritzungen und Verletzungen, sehe ich erst in diesem Moment…

…an einem morschen Baum entdecke ich einen knallgelben Pilz. In einer Art Tanz rund um dieses Motiv entstehen unzählige Aufnahmen aus verschiedensten Positionen, in Micro- und Macroeinstellungen, scharf und unscharf gestellt…

…Inspiration verleiht uns das Wissen, wozu wir bestimmt sind. Dann können wir unsere Beschränkungen ablegen und wachsen, wie es uns entspricht, sogar über uns selbst hinaus…

…Inspiration als ein Sammelpunkt, in dem sich das, was wir in der Vergangenheit durchlebt haben, und das, was wir in der Zukunft sein werden, in einem magischen Augenblick vereint…

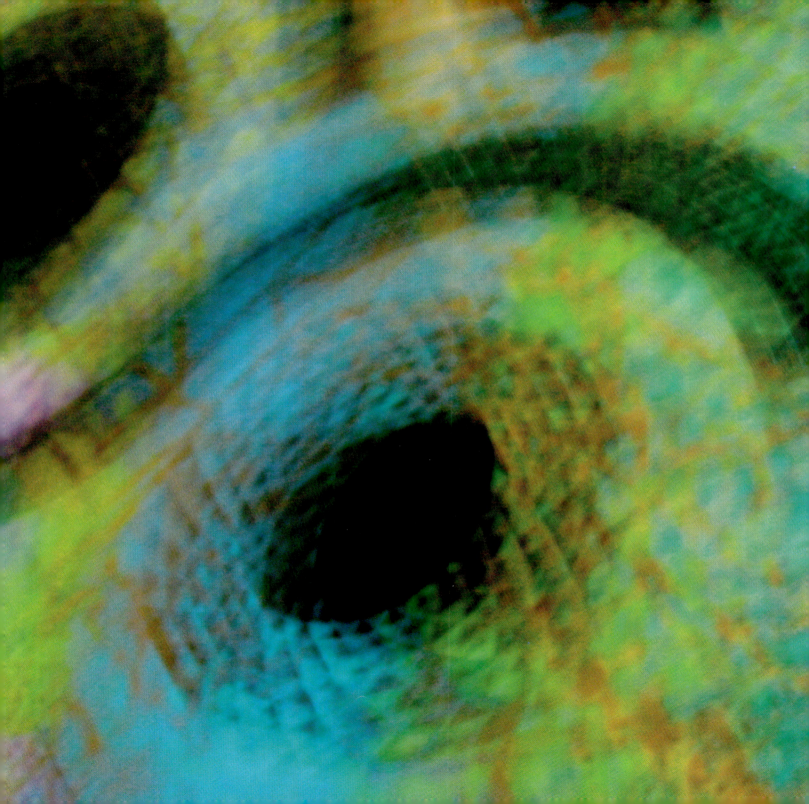

…das Selbst ist der Kreis, in dessen Mittelpunkt sich das Ich befindet. Wie bei einem Atom definieren die Elektronen die äußere Grenze, und die Protonen und Neutronen als Atomkern den Mittelpunkt…

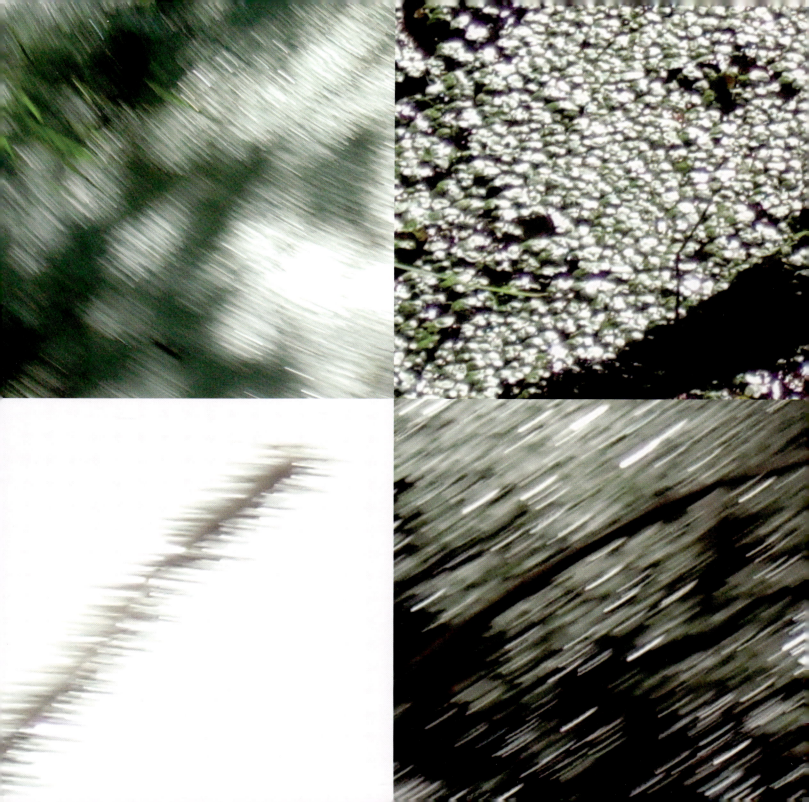

…das träumende Gehirn sucht bevorzugt nach unerwarteten Wegen und aktiviert diese, statt sich auf die üblichen, offensichtlichen Assoziationen zu beschränken…

…wir sind aufgefordert, wie der Straßenkehrer in Michael Endes „Momo" weiß,…

...Schritt für Schritt die ganze Straße zu kehren, um unsere Sache gut zu machen…

…wie etwas wächst, gebaut, gemacht wird, lebt vom Detail.
Beim Menschen lebt alles von seiner Herzensenergie…

…mache dein Innerstes zu einem Schneefeld, wo auch das kleinste Rußpartikel auffällt…

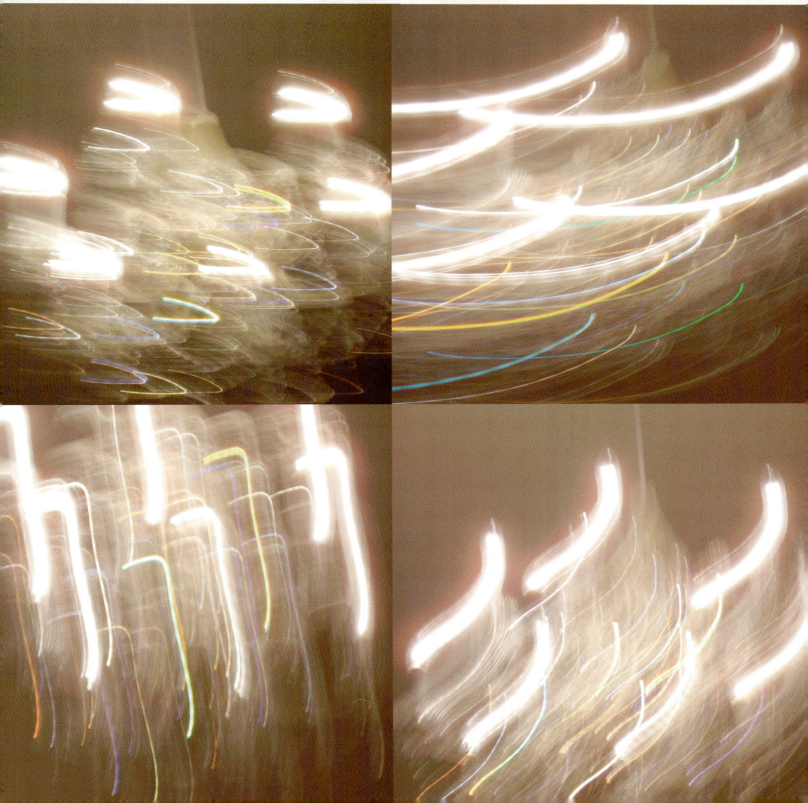

…diesmal ist es auch der Wald mit seinen Wundern und seinem Grauen, der mich bestimmt und in meine Tonwelt hineinwebt. Ich sehe immer mehr: Man komponiert nicht, man wird komponiert...

…wechselseitige Toleranz, Anerkennung und Respekt sowie ein Lebensraum ohne Diskriminierung gelten als Grundvoraussetzung,…

…dass sich Individualität und Selbstentfaltung überhaupt erst entwickeln können…

…wir sind so umgeben von Ideen, dass die Konzentration auf eine Sache notwendig wird. Der Feind einer guten Idee ist die wahnsinnige Menge an Ideen, die vor einem liegt…

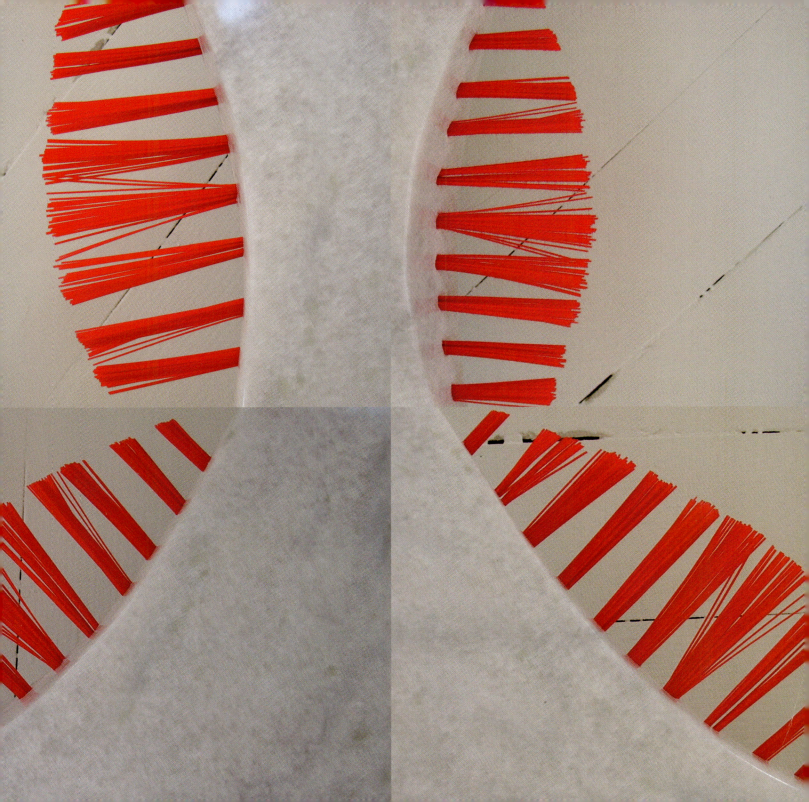

Begeben Sie sich
auf die Suche nach der
Inspirations-DNA…

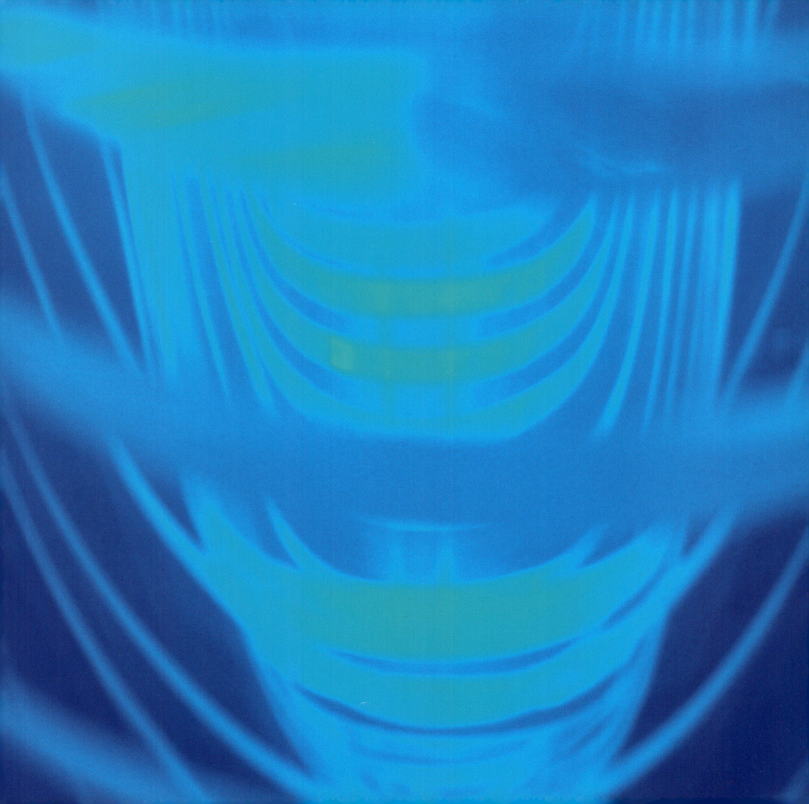

Was lässt mich froh sein,
      dass ich am Leben bin?

Wann bin ich leicht?

Was ist der erste Moment der Inspiration,
an den ich mich erinnern kann?

Wann bin ich am meisten
　　　　　　　　　ich selbst?

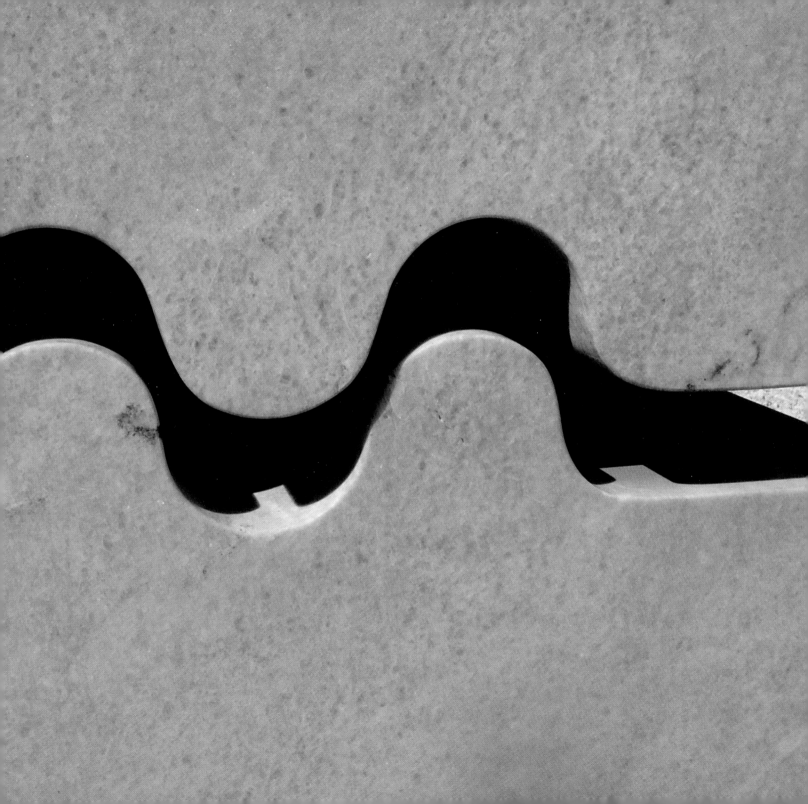

Worin liegt meine größte Begabung?

In welchen Momenten lebe ich besonders intensiv?

Wie gelingt es mir am besten
loszulassen?

Was macht mir Mut,
           meinen Weg zu gehen?

…Siddharta schlug die Augen auf und sah um sich, ein Lächeln erfüllte sein Gesicht,…

…und ein tiefes Gefühl von Erwachen aus langen Träumen durchströmte ihn…

*„Wie der Hamster im Rad hecheln"*
*Was die Inspiration gefährdet und wie wir sie behalten*

*„Also – wenn du ein Problem hast, halte ein.*
*Horch in dich hinein und versuch die Antwort in dir selbst zu finden.*
*Denn es gibt sie.*
*Tief in deinem Inneren gibt es etwas, was dich hält, was dir hilft, eine Stimme.*
*Hör ihr zu.*
*Manche nennen sie ‚Gott', manche haben andere Namen dafür, aber es gibt sie.*
*Das ist meine ... ich will nicht sagen Hoffnung,*
*nein, es ist meine tiefe Überzeugung, dass es so ist."*

Tiziano Terzani[20]

Bleiben wir gleich bei den Schriftstellern, die ja als Lieblinge der Musen gelten. „Denn eine Idee: das bist du; in einem bestimmten Zustand", schreibt Robert Musil in seinem Roman „Mann ohne Eigenschaften": „Irgend etwas haucht dich an; wie wenn in das Rauschen von Saiten plötzlich ein Ton kommt; es steht etwas vor dir wie eine Luft-Spiegelung; aus dem Gewirr deiner Seele hat sich ein unendlicher Zug geformt, und alle Schönheiten der Welt scheinen an seinem Wege zu stehn. Das bewirkt oft eine einzige Idee. Aber nach einer Weile wird sie allen anderen Ideen, die du schon gehabt hast, ähnlich, sie ordnet sich ihnen unter, sie wird ein Teil deiner Anschauungen und deines Charakters, deiner Grundsätze oder deiner Stimmungen, sie hat die Flügel verloren und eine geheimnisvolle Festigkeit angenommen..."

### *Den Kampf über die Zweifel gewinnen*

Der Brite Nick Williams, der sich seit vielen Jahren mit dem Thema Inspiration beschäftigt, weiß folgendes Geheimnis: „Inspirierte Menschen werden Experten darin, ihren Widerständen auf die Schliche zu kommen und sie lassen sich davon nicht abhalten. Wir befinden uns wirklich im Kampf mit uns selbst und wir müssen lernen, dass die Widerstände immer größere Geschütze auffahren, je höher wir die kreative Messlatte legen." Laut Williams gibt es zwei Gründe, warum Menschen erfolgreich kreativ sein können: „Zum einen, weil sie in der Lage sind, ihre Widerstände zu erkennen und zu überwinden und den Kampf über ihre Negativität und Zweifel zu gewinnen, und zum anderen wegen ihres Talents."[21]

### *„Worauf wartest du noch?"*

Am 20. 08. 07 um 21.09 Uhr suchte ich, etwas verzweifelt, nach einem Beginn für dieses Buch und schrieb: „Worauf wartest du noch? Wie viele Seminare musst du noch besuchen, wie viele Interviews führen, wie viele Bücher lesen? Und das alles um ausgerechnet über

Inspiration zu schreiben? Gut, du brauchst eine Inkubationszeit, damit ‚es' dann fließen lassen kann. Aber diese Zeit dient dir inzwischen bloß als Vorwand, dich nicht der weißen Fläche auf deinem Monitor aussetzen zu müssen, die deinen ersten Satz erwartet. Natürlich hätte dieser Satz grandios sein müssen (wie es auch der letzte sein sollte). Dabei ist er so simpel ausgefallen: Worauf wartest du noch?

Auch die Antwort darauf könnte einfach sein: Auf die Inspiration. Doch nach allem, was ich gelernt, gehört, gelesen und – vor allem – selbst erfahren habe, kommt die Inspiration meist nicht auf Bestellung und schon gar nicht erzwungen. Der Journalist und Buchautor Helmut Gansterer verriet mir im Gespräch: ‚Wenn Inspiration nicht passiert oder ich zum Beispiel unter Druck arbeiten muss, probiere ich erst gar nicht, es optimal hinzukriegen, das bringt nur ewige Schreibblockaden. Da halte ich es mit dem Spruch ‚Write ugly, write simple, but write!' Ich kann mich auf meine Professionalität verlassen und weiss, dass die Arbeit nicht ganz hässlich, meist ordentlich und leicht über dem Durchschnitt wird.'

Dieses Selbstvertrauen ist einem wohl angeboren oder es wächst mit den Jahren... Jedenfalls ist es laut Mark Twain unerlässlich: ‚Alles, was man zum Leben braucht, ist Unwissenheit und Selbstvertrauen, dann ist der Erfolg sicher."

Daher Schluss mit meinen Selbstzweifeln, meinem Hang zum Perfektionismus, meiner Ausrede, der angestammte Job raube mir die Energie und so fort. Die Inspiration mich ihr zu widmen hat in den letzten Monaten angehalten. Jetzt will ich endlich die Leser daran teilhaben lassen. Nebenbei hat sich schreibend die erste Seite gefüllt. War das nun – Inspiration?"

*Weniger streng zu sich sein*

Wir schaffen unsere Welt durch unser Denken, unsere Sicht der Dinge, unsere Art, wie wir mit uns sprechen. Achten Sie einmal bewusst darauf. Meistens sind wir selbst unsere strengsten Kritiker, viel strenger als zu jedem anderen Menschen. Das grenzt manchmal an Verbissenheit. Wenn wir an etwas festhalten, ist das die Garantie dafür uninspiriert zu bleiben. Kürzlich traf ich bei einem Fest einen Bankmanager, der vor lauter Rückenschmerzen kaum gerade sitzen konnte und an diesem Abend überaus erschöpft war. „Das ist ja tödlich", war ein Satz, den er mehrmals wiederholte. Als ich ihm empfahl, vorsichtig mit seiner Ausdrucksweise umzugehen, pflichtete mir seine Frau durch heftiges Kopfnicken bei.

*Gedanken von der Situation trennen*

Gedankenkontrolle heißt das Zauberwort. Wichtig dabei ist, die Gedanken von der Situation zu trennen, die stets neutral ist. Sie ist einfach so, wie sie ist. Üben Sie das einmal, indem Sie sich sagen: Hier ist die Situation oder die Tatsache, und dort sind meine Gedanken darüber. Sie werden den Unterschied sogleich merken und lernen, dass unser Denken großteils unsere Emotionen erzeugt. William Shakespeare formulierte: „An sich ist nichts gut oder böse, das Denken macht es erst dazu."

*Die Dinge kommen lassen*

„Im Emsigsein wird oft der Zugang zur Inspiration verschüttet", erfuhr ich von Christine Sadijna. Und von Rainer Petek: „Inspiration ist die Fähigkeit zuzulassen. Die Planung ist der Feind der Inspiration. Man verstellt sich den Zugang dazu in Zeiten, wo man unbedingt etwas erreichen will. Es geht darum, die Dinge kommen zu lassen und um die Frage, ob ich mich beschenken lassen kann. Beim Klettern lasse ich auch die Griffe und die Ziele kommen. Das Gegenteil wäre, dem Fels krampfhaft meinen Begehungsplan aufzwingen zu wollen."

*Zurücklehnen und auf das Wichtige schauen*

Als schädlich für die Inspiration bezeichnet Manfred Sauer übermächtigen negativen Stress oder Druck. „Das heißt das Gefühl zu haben, man ist wie der Hamster im Rad und hechelt von einem Termin zum nächsten. Man versucht nur mehr abzuarbeiten, was als Arbeitsberg vor einem liegt, und dabei geht dann die Freude verloren." Wie man daraus wieder herauskommt? „Zurücklehnen und noch einmal schauen, was ist jetzt wirklich wichtig. Ich möchte Arbeit als positive Wechselwirkung verstehen und nicht nur als etwas, was ich jetzt abarbeite. Es gilt auch zu schauen, dass dabei etwas zurückkommt. Das bedeutet, ich nehme mir auch Zeit. Dann sage ich: So, jetzt lege ich mich hin und mache ein Mittagsschläfchen, oder heute Abend muss ich wieder einmal ins Theater oder ins Kino gehen. Oder ich mache gar nichts, bleibe zu Hause und greife wieder einmal zu einem Buch."

*Der Feind einer guten Idee ist die Menge der Ideen*

Inspiration zu leben bedeutet für den Schmuckdesigner Wolf Peter Schwarz auch Achtsamkeit für das, was vor einem liegt: „Wenn ich auf den Waldboden oder auf die Straße schaue, dann sehe ich eine andere Ordnung oder bewusste Unordnung, die ihre eigenen Regeln hat. Der Boden mit Gras, auf dem zum Beispiel Schnee liegt, der schaut gepresst aus. Dann sieht man es wieder einmal keimen und irgendwann greift man einfach auf den Boden. Wenn du ein Stück Erde mit Gras nimmst und es auf den Tisch legst, entdeckst du, dass das Unscheinbare einfach toll ist. Das heißt, wir sind so umgeben von Ideen, dass die Konzentration auf eine Sache notwendig wird. Der Feind einer guten Idee ist die wahnsinnige Menge an Ideen, die vor einem liegt. Man muss sich dann etwas herausholen und in die Tiefe gehen und eine Lupe nehmen."

*100 Meter in Superzeitlupe*

Entschleunigung ist ein weiteres Zauberwort. Mein Kollege Norbert Krennmair hat zu diesem und vielen anderen in diesem Buch angesprochenen Themen ein Nachdenk- und Übungsbuch mit dem Titel „Energievoll leben – Anleitung zum Glücklichsein" herausgegeben. Diesem entnahm ich folgende Übung: Am Ende des Tages 100 Meter in der Superzeitlupe irgendwo im Wald gehen, dann erfolgt die Transformation. Ansonsten besteht immer die Gefahr eines Umkehrschubes und damit Absturz.[22]

*Starke Inspiration in Krisenzeiten*

Krisensituationen – erst einmal durchlebt und ausgestanden – werden von meinen GesprächspartnerInnen hingegen als Öffnung, als Bereicherung, oft auch als Antrieb für besondere Leistungen gesehen. Diese Erkenntnisse finden sich insbesondere im 6-Stufen-Modell der Inspiration und im Jahr der Wunder wieder.
Harald Klärner zum Beispiel hatte „richtige Inspiration und starke Eindrücke eigentlich nur dann, wenn ich in Krisen gesteckt bin. Das war ein paar Mal, meistens in Beziehungskrisen, die mich dann zu meinen stärksten Arbeiten gebracht haben. Da bin ich voll dahinter gestanden und die Betrachter haben einfach gespürt, was ich da hineingelegt habe."

***Zeit zur Reflexion***

Höre ich (auf) meine innere Stimme?

Gelingt es mir, meinen Widerständen auf die Schliche zu kommen?

Wie spielen sich innere Dialoge bei mir ab?

Wie ist die Tonalität, in der ich mit mir spreche?

Kann ich meine Gedanken von der Situation trennen?

Wie schütze ich mich vor der Überflutung von Meinungen und Ideen?

Was tue ich zur Entschleunigung meines Lebens?

# „Das Schicksal so aufgreifen, wie es einem entspricht"

*Wolfgang Schaffer,
Waldorfpädagoge und Anthroposoph*

Bei meinen Recherchen für dieses Buch habe ich natürlich in meinem innersten Kreis begonnen. Meine Frau Marianne, meine Tochter Marie gehören hier ebenso dazu wie mein Schwager Wolfgang Schaffer, der Waldorfpädagoge im öffentlichen Schulsystem und Mitglied im Vorstand der Allgemeinen Anthroposophischen Gesellschaft Österreichs ist. An Wolfgang schätze ich die Klarheit, mit der er sein Leben führt und seine Gedanken formuliert. Er inspiriert durch sein empathisches Zuhören, seine überraschenden Fragestellungen, durch seine Worte, die immer wohl gesetzt sind, und seine unerschütterliche Ruhe. Mit ihm habe ich auch das allererste Interview auf der Terrasse eines Gasthauses mit Blick auf blühende Bäume, den Längsee und das Stift St. Georgen geführt und ein weiteres fünf Monate später.

*Wie siehst du den Begriff Inspiration?*

Es gibt ja verschiedene Ansätze, die man zur Inspiration heranziehen kann. In der Anthroposophie gibt es einen bildhaften Vergleich von Rudolf Steiner, der sich auf Imagination, Inspiration, Intuition als höhere Seelenfähigkeiten bezieht. Das imaginative Bewusstsein entspricht dabei dem fertigen Werk eines Künstlers, zum Beispiel einem eben vollendeten Bild.

Inspiration lässt sich hingegen damit beschreiben, dem Künstler unmittelbar bei seiner Arbeit zuzusehen: Das Bild ist noch nicht fertig – man beobachtet das Tun, das zu einem Werk führt.

Ein intuitiver Bewusstseinszustand wäre schließlich vergleichbar damit, den Künstler in seiner Werkstatt zu besuchen, bevor er mit der Arbeit beginnt. Die Elemente, die er durch sein Tun in ein Gemälde verwandeln will, stehen in Form von Farbe, Leinwand, Pinsel noch beziehungslos im Raum bereit.

Wenn ich dieses Bild für mich beanspruche, beschreibe ich Inspiration als die Möglichkeit, mich selbst beim Erfassen eines bisher verborgenen Zusammenhangs zu beobachten. Ein ganz praktisches Beispiel ist für mich die Skulptur aus Holz, an der ich seit einiger Zeit schnitze. Wenn ich beginne daran zu arbeiten, verwandelt sich für mich die Art der Wahrnehmung: Ich sehe nicht mehr ein Stück Holz vor mir, ich sehe mich in das „noch Ungesehene" ein. Die Welt der sinnlichen Wahrnehmung dient mir nun als „Stützpunkt", der sich augenblicksartig um einen inneren Bezug erweitert. Diese Art des Sehens ist zugleich ein fühlendes Hören: Formklang wird sichtbar.

Welches Element der sinnlichen Wahrnehmungswelt sich in ein „Klangzentrum" im inspirativen Sinn verwandelt, lässt sich nicht rational vorherbestimmen. Ein Künstler richtet sein entsprechendes Vermögen auf einen ganz bestimmten Stoff. Prinzipiell trägt jedoch jeder Blick in die physische Welt in jedem Augenblick die Kraft in sich, über die spezielle Sinnlichkeit hinaus „Klang" zu entfalten. Ein funkelnder Stern am Nachthimmel, das Licht der Morgenröte, Wolken, Berge, Seen, die blühenden Pflanzen, ein sich regendes Tier, jede Begegnung mit einem Menschen ist dafür empfänglich.

Inspiration ist in diesem Sinne der Aufstieg vom Geschaffenen, bereits fertig Gewordenen in den Bereich einer werdenden Welt, die erfüllt ist von schaffender Tätigkeit.

Rudolf Steiner gibt aus einer Überfülle entsprechender Anregungen heraus ein weiteres, sehr praktisches Beispiel zur Erlangung der übersinnlichen Erkenntnisstufen von Imagination, Inspiration und Intuition, die sogennante „Rosenkreuzmeditation".

Dabei handelt es sich um eine umfangreiche methodische Anweisung zum Aufbau eines Meditationsbildes in Form einer Imagination, das zwar aus Elementen der Sinneswelt besteht, letztendlich aber völlig sinnlichkeitsfrei im Seelenraum wirksam wird:
Sieben rote Rosen auf einem schwarzen Kreuz.
Dieses sorgsam aufgebaute Bild wird in einem nächsten Schritt willentlich ausgelöscht, um die bildschaffenden Kräfte in Form einer Inspiration aufleben zu lassen.
Ein dritter Verwandlungsschritt führt schließlich zur Wesensbegegnung durch Intuition.

Wenn ich mich nun wieder auf die Arbeit an der Holzplastik beziehe und mich selber in dem Prozess beobachte, dann merke ich, dass sich die Grenzen der sinnlichen Welt erweitern. Ein aus Inspiration geschaffenes Werk ist mit seinem Anteil am Physischen nicht abgeschlossen. Es besteht immer die Hoffnung, dass ein sichtbares Kunstwerk in dem jeweils Beobachtenden mehr an innerer Regsamkeit bewirkt, als der Kunstschaffende vermuten kann. Wenn ein Werk wirklich authentisch ist, dann klingt es in Einzelseelen weiter.

*Wie erlangt man denn das Authentische?*

In meinem Fall ist das die Bereitschaft, sich einem Übermaß zu stellen. Wenn ich an den Beginn der Schnitzarbeit zurückdenke, dann war mir klar, dass ich dem Ausmaß des Möglichen nicht genügen werde können und dennoch habe ich es versucht. Es kommen dann Kräfte zu Hilfe, die man im Augenblick des Anfangs nicht ahnt. Ich glaube, authentisch zu handeln bedeutet, sich am Anfang als Einzelner zu fühlen und die Gewissheit zu haben, in vollem Einklang mit der eigenen Verantwortung zu stehen.

*Wie geschieht Inspiration und wen betrifft sie?*

Im Zustand der Inspiration steht man in Kontakt mit höheren Welten, erkennt Botschaften und Zusammenhänge, erkennt, was von Innen stammt und was von Außen.
Die Grenze zum bequemen Leben zieht man, wenn man darauf verzichtet, seine Inspirationen im Bewusstsein lebendig zu erhalten.
Irgendwie betrifft Inspiration jeden Menschen, manche sind konsequenter bereit, diese spezielle Realität ernst zu nehmen. Aus einem gewissen zeitlichen Abstand merkt man, ob ein Mensch Urquell geschöpft hat oder nicht. Im Alltag sind das Menschen, die ihr Schicksal so aufgreifen, wie es ihnen entspricht. Vorbedingung ist die Konsequenz, dem zu folgen, was man für richtig hält.

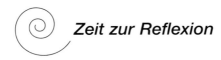 *Zeit zur Reflexion*

Was heißt es für mich authentisch zu sein?

Gelingt es mir, meine Inspiration im Bewusstsein lebendig zu halten?

Greife ich mein Schicksal so auf, wie es mir entspricht?

Wann hatte ich zuletzt das Gefühl, dass mir ungeahnte Kräfte zu Hilfe kamen?

*„Das war eine Stille mit so einer Dynamik…"*

Hopkinson Smith,
*Lautenspieler*

©Franke Bariloche

Wenn Hopkinson Smith Laute spielt, lauscht das Publikum hingerissen und in absoluter Ruhe. Der Saal im Schloss Eggenberg, wo der weltbekannte Lautenist an diesem Sommersonntag sein Styriarte-Konzert gibt, ist fast zu prunkvoll für dieses intime Instrument und, wie sich herausstellt, zu laut. Denn aus dem Schlosspark dringen die intensiven Balzgeräusche eines Pfauen an die Ohren der Zuhörer. Hopkinson Smith lässt sich davon nicht irritieren, im Gegenteil: Es scheint, als würde er die Stimmen der Natur in seine Interpretation der Werke John Dowlands hineinweben. Nach dem heftigen Schlussapplaus warte ich noch ein paar Minuten, ehe ich das Künstlerzimmer betrete. Es braucht nur ein paar Worte der Begrüßung und der Erklärung und schon stimmt Mr. Smith zu, mir ein Interview zu geben. Da er am Nachmittag nach London fliegt, vereinbaren wir einen Treffpunkt am Grazer Flughafen. Dort baue ich Laptop und Mikrofon auf und brauche nicht lange zu warten. Mit seinem Lautenkoffer, den er wie ein Baby trägt, kommt „Hopi" gut gelaunt ins Restaurant. Eine Stunde später habe ich das Interview „im Kasten" und Hopi eine Portion Steinpilznudeln im Magen. Er selbst bezeichnet sich als Pilzsüchtigen. Süchtig könnte man auch nach der Lautenmusik werden, die der aus den USA gebürtige und in Basel lebende Künstler spielt. Und danach, in seine vor Begeisterung funkelnden Augen zu schauen, wenn er darüber spricht.

Grüezi miteinand!

*Wie lange leben Sie schon in der Schweiz?*

30 Jahre, schon lange.

*Es geht um das Thema Inspiration. Wenn Sie das Wort Inspiration hören, was fällt Ihnen als erstes dazu ein?*

Auf der einen Seite ist die Inspiration unvorhersehbar. Sie kann aus allen möglichen Richtungen kommen und man kann nicht damit rechnen. Aber man kann sich manchmal in eine gewissen Vorstellung oder Haltung bringen oder sie beeinflussen.

*Haben Sie Methoden um Inspiration herbeizuführen?*

Manchmal kommt ein Vorbild von etwas, das ganz außerhalb der Musik steht. Das ist ein Extrem, ein anderes: Du spielst die ersten Akkorde eines Stückes und bist schon in einer Klangwelt, die dich in den besten Momenten dann von alleine in diese Klangwelt weiterführt, die du so gut kennst. Manchmal kannst du ein Stück oft üben und es passiert nichts Besonderes und manchmal übst du es nicht so oft und doch passiert es. Aber etwas von der Grundlage muss man im Kopf haben. Manche Orte zum Spielen, manche Säle und manche Kirchen sind Quellen einer positiven Energie, sodass man dadurch auch zu inspirierten Momenten kommt. Manchmal ist das Publikum so aufmerksam, dass es den kreativen Prozess richtig fordert. Ein anderes Mal gibt es beim Publikum eine Mauer, die man wegschieben muss, bis der Dialog, diese Kommunion, stattfinden kann. Eine Kommunion im Sinne von etwas gemeinsam teilen.

*Gibt es Kirchen oder Säle, wo sie besonders gerne auftreten, die für Sie eben diese Inspirationskraft haben?*

Das gibt es. Der Mozartsaal im Wiener Konzerthaus, in dem ich ein paar Mal gespielt habe, ist überraschend intim. Der hat glaube ich 700 Plätze, aber da ist man mit der Laute wie zu Hause. Das ist ein Saal, in dem so eine Atmosphäre und Energie ist und manchmal spielt man da sein bestes Konzert.

*Ist das Wiener Publikum sehr speziell? Gibt es Städte, wo Sie sagen, da treten Sie besonders gerne auf?*

Ich habe gute Erfahrungen mit Wien, vor allem auch bei zwei Konzerten, die ich in einem Musikgymnasium gespielt habe, jeweils vor 100 Jugendlichen. Einmal vor 14 bis 16jährigen, das zweite Mal vor 16 oder 17jährigen. Das war ein ganz merkwürdiges Zusammenkommen von Elementen, die zu einem vielleicht inspirierten Auftritt geführt haben. Weil die Jugendlichen ein Musikgymnasium besuchen, haben sie ein Ohr für Musik, auch wenn sie nichts von Alter Musik verstehen und die Laute noch nie gehört haben. Dann sind sie hereingekommen, ganz normal. Als wir anfingen, war da eine Stille mit so einer Dynamik – eine versprechende Stille – und das ermöglicht ein anderes Hören und dieses andere Hören ermöglicht ein anderes Fühlen und Denken. Und das alles führt zu einem inspirierten „Act".

*Die Laute ist irgendwie ganz außerhalb unserer Zeit. Es braucht viel Ruhe, ein stilles Publikum, man muss zuhören, was viele Menschen in dieser Qualität vielleicht gar nicht mehr können. Wie war denn das mit der Laute früher? Sie galt ja als das Instrument schlechthin...*

Ja, sie war die Königin der Instrumente. Heute denken wir an die Orgel, weil sie so mächtig ist. Aber die Laute ist gerade das Gegenteil. Gerade wegen ihrer Intimität war sie die Königin der Instrumente.

*Ihre Entscheidung zu diesem Instrument, zur Laute, zu greifen – war da Inspiration dabei?*

Man wählt ein Instrument nicht, weil man unbedingt Musiker sein oder auf die Bühne gehen will. Man wählt ein Instrument, weil einen etwas von der Stimme dieses Instruments trifft und von seinem Klang und wie es aussieht. Es sind viele Faktoren, besonders bei der Laute: Es ist dieser Klang von den Doppelsaiten, sie hat viel mehr Obertöne, wenn man das so beschreiben will, als ein einzeln besaitetes Instrument. Das hat eine fast spirituelle Dimension, was auch mit der Schönheit des Klanges zu tun hat, und davon sind wir hingerissen. Und außerdem hat die Laute ein phantastisches Repertoire, sodass man sich mehrere Leben lang damit beschäftigen könnte.

*Wie war das, als Sie getroffen wurden vom Klang und der Stimmung der Laute? Wann kam die Laute in Ihr Leben?*

Ganz konkret: Ich konnte eine Laute für ein Jahr ausleihen, von der Instrumentensammlung des „Boston Fine Arts Museum". Es war keine alte, sondern eine moderne, eine so genannte „work lute", und mit der habe ich parallel zur modernen Gitarre ein bisschen selbst gelernt. Nach einem Jahr habe ich beschlossen, selbst ein Instrument zu bestellen, bei dem gleichen Instrumentenbauer und dann ist es weitergegangen.

*Ihr Herz, ist das eher bei der Gitarre oder bei der Laute?*

Wenn ich mit einem bin, denke ich nicht an das andere.

*Im Programmheft steht ein interessanter Satz aus Ihrer Biografie, dass Sie ein Leben zwischen Eremit und Zigeuner führen. Würden Sie lieber Eremit oder lieber Zigeuner sein?*

Ich bin beides. Eremit in dem Sinn von oft in die Tiefe gehen und alleine mit dem Instrument leben und Zigeuner in dem Sinn von hier und da sein. Ein Flugzeugzigeuner.

*Wie halten Sie die Begeisterung für dieses Instrument aufrecht?*

Das sind immer neue Dimensionen. Ich meine, wie viel Mal sagt ein Mönch das Vater Unser? Das ist meine Antwort. Es ist nicht eine Serie von Wörtern, sondern es ist ein ganzes Gefühl. Als Künstler kannst du schon Momente haben, wo du den Klang nicht findest, oder du bist ständig im Kampf mit dem Instrument. Doch wenn es normal funktioniert, dann kommt man immer wieder hinein, auch in jene Stücke, die man hundertfünfzig Mal gespielt hat. Wenn es gut geht, ist es jedes Mal eine Neuentdeckung. Das kommt davon, wie die verschiedenen Stimmen aufeinander reagieren. Es geht immer vom Hören aus und nicht von Formeln.

*Sie sind auch stark in der Ausbildung beschäftigt. Steckt in diesem Weitergeben an junge Leute eine spezielle Kraft?*

Ja, es ist sehr dankbare Arbeit. Ich habe das Gefühl, langsam weiß ich mehr oder weniger worum es geht. Mit den vielen Jahren wird man immer besser als Lehrer, glaube ich.

*Worum geht es denn?*

Darum, dass man die Menschen besser versteht. Ich war früher eine bisschen strenger mit allen. Jetzt sehe ich, welche Möglichkeiten jemand hat. Dann versuche ich ihn so hinzuführen, dass er die Disziplin oder die Richtung von der Musik selbst bekommt.

*Zeit zur Reflexion*

Was brauche ich, damit Dialoge mit anderen gelingen?

Welche „inspirierten Acts" habe ich in letzter Zeit erlebt, was war daran außergewöhnlich?

Kann ich den Klang der Laute hören?
Und den Klang einer Orgel?

Bei welchen Tätigkeiten und Erzählungen funkeln meine Augen?

Kann ich Altbekanntes immer neu entdecken?

Was möchte ich gerne an die nächste Generation weiter geben?

„*Alles, was die Wahrnehmung erweitert, ist inspirierend*"

*Karin Leeb, Hotelierin*

HochschoberN ist für mich gleichbedeutend mit Hochgefühl. Ich kenne nur wenige andere Hotels, in denen man so aufmerksam umsorgt wird ohne bedrängt zu werden und wo ich froh bin, wenn schlechtes Wetter angesagt ist. Denn so kann ich stressfrei den ganzen Tag Hamam und Seebad, chinesische Teezeremonie und Qi Gong genießen. Die Familie Leeb hat dieses Unikat in der österreichischen Hotellerie über Jahrzehnte mit Augenmaß, Gespür für kommende Trends und Inspiration zu dem gemacht, was es heute ist. Meine Gesprächspartnerin Karin Leeb stellt sich zu Beginn des Interviews, das während eines Kurzgenuss-Urlaubes entstand, persönlich vor.

Mein Name ist Karin Leeb. Ich führe gemeinsam mit meinem Mann, Martin Klein seit 2003 das Hotel Hochschober auf der Turracher Höhe. Das ist ein Familienbetrieb, der 1929 von meinen Großeltern Hans und Hilde Leeb gegründet worden ist und dann von meinen Eltern nach der Übernahme von ihren Eltern 35 Jahre lang geführt wurde. Ich habe nach der Matura eine Ausbildung im Hotelfach gemacht, und war eigentlich schon immer in Richtung Hotelfach oder Gastronomie unterwegs, ohne aber im Hinterkopf zu haben, dass ich den Elternbetrieb übernehmen sollte/dürfte/wollte. Ich habe drei Brüder und der mittlere davon war vorgesehen das Haus zu übernehmen, hat sich dann aber relativ spät, so Mitte 20, entschieden, etwas ganz anderes zu machen. Das war eine Zeit der Neuorientierung für die ganze Familie. Für meinen Mann, Martin Klein und mich hat es sich dann sehr schön ergeben. Er kommt zwar aus einem ganz anderen Bereich, aus der Physiotherapie, aber wir haben diese große Herausforderung angenommen. Er ist dann quer eingestiegen und mittlerweile ein sehr begeisterter Hotelier, der einen kritischen Blick aus anderen Bereichen mitbringt.

*Das Thema heute ist ja Inspiration und wenn Sie das Wort hören, was fällt Ihnen als allererstes dazu ein?*

Als erstes natürlich Inspiration in der Kunst. Man siedelt die Inspiration eben sehr hoch an, man sagt, jemand ist inspiriert von einer Sache oder einem Menschen oder von einem anderen künstlerischen Werk gewesen. Ich würde es vor allem in der intellektuellen Ecke ansiedeln. Man spricht jetzt von der Kreativität als Unternehmer eher als von Inspiration, wobei man für Kreativität, glaube ich, auch Inspiration braucht. Insofern gehört doch auch zu unserem Beruf sehr viel Inspiration.

*Wann waren denn so besondere Momente für das Hotel, wo Sie gesagt haben, das ist jetzt pure Inspiration?*

Sehr inspirierend für uns war unsere erste Begegnung mit China, wobei der Auftrag relativ klar war. Wir haben schon gewusst, dass wir die chinesische Kultur bei uns integrieren wollen, aber so in das Land einzutauchen und vor allem die Menschen kennen zu lernen, das war sehr begeisternd. Ein anderes Beispiel, wieder etwas ganz Heimisches, geht in die Richtung christliche Spiritualität. Wir haben zu einem Benediktinerkloster am Wolfgangsee Kontakt bekommen. Ich war die erste in der Familie, die Exerzitien oder Einkehrtage in diesem Kloster ausprobiert hat. Und das ist ja auf den ersten Blick sehr konträr zu unserem Hotelalltag und auch zu dem, womit wir uns beschäftigen, was wir für unsere Gäste bieten und weiterentwickeln, Aber es ist auch inspirierend zu sehen, wie viele Gemeinsamkeiten ein Kloster mit einem Hotel hat. Beide bieten Einkehr, geben Kraft, stiften Sinn. Das geschieht zwar durch totale Einfachheit und Reduktion auf einer ganz anderen Ebene, aber das hat mir sehr viel Kraft und neue Ideen und auch Überzeugungen gegeben.

*Haben Sie von Gästen schon gehört, dass Ihr Hotel ein inspirierender Ort ist?*

Die Gäste wollen hier zu Ruhe kommen und sich wohl fühlen. Wir haben vor drei Jahren eine Gästebefragung gemacht, und wollten wissen, worin der Attraktionswert des Hauses besteht. Das war ein repräsentativer Querschnitt durch die Saisonen. An erster Stelle stand dort immer diese besondere Atmosphäre, die man im Haus vorfindet. Und ich glaube, man erlebt das als heimelig und beruhigend, man fühlt sich aufgehoben und angenommen. Je nachdem, was der Anspruch an den Urlaub ist, finden viele Leute hier auch Inspiration, weil man zur Ruhe kommt, über sich selbst nachdenkt, reflektiert und sicher auch neue Impulse durch die vielen Angebote im Haus mitnimmt. Wir sehen das als absolut ausbaufähig, ob man Gästen nun die Möglichkeit bietet etwas Neues zu lernen, sei es handwerklich, oder eine geistige Auseinandersetzung, sei es tanzen, oder eine Sprache, oder etwas malen, etwas gestalten, oder auch philosophische Diskurse. Da gibt es einfach noch großes Potential, wo wir uns weiterentwickeln können, weil die Nachfrage und das Interesse da ist. Wir verlassen uns auch immer auf die Inspirationen von außen. Es kommen so viele Leute mit ihren Ideen auf uns zu. Das Interessante ist eben, wenn man außergewöhnliche Projekte in die Welt setzt, dann zieht das wieder Leute an, die entweder schon Ideen haben oder sagen, ich habe das kennen gelernt und jetzt ist mir das und das eingefallen. Das hat eine Eigendynamik, die wirklich eine große Kraftquelle für unser Haus ist.

*Können Sie sich an Erlebnisse erinnern, wo Sie sagen, das war Inspiration für mich?*

Alles, was den Blick oder die Wahrnehmung erweitert, wo man hingeführt wird, ist inspirierend. Ich hatte das Glück, – aus heutiger Sicht, seinerzeit empfand ich das sicher als Unglück – dass meine Eltern mich nicht hier in der Nähe auf eine Höhere Schule schicken konnten. Das wäre zu weit gewesen und sie hätten das mit vier Kindern auch nicht handhaben können. Daher bin ich mit zehn Jahren in ein Internat am Traunsee gekommen, ein strenges Mädcheninternat. In der Namensführung gab es auch noch das „Höhere Töchter". Gerade unter den älteren Lehrern war diesbezüglich noch eine starke Überzeugung. Jedenfalls ist sehr viel für die Aus- und Weiterbildung gemacht worden, nicht nur für die schulische, sondern auch für die Freizeit. Jedes zweite Wochenende durften wir nach Hause fahren und das andere war dann auch vom Internat aus verplant. Ich habe dort wirklich Österreich mit seiner Kultur kennen gelernt, die meine Kollegen aus der Volksschule sicherlich nicht erleben konnten. Auch meine Eltern hätten nie die Zeit gehabt, mit uns diese Dinge zu machen, zum Beispiel ins Marionettentheater zu gehen, in die Staatsoper nach Wien zu fahren, Ausstellungen zu besuchen. Ich muss sagen, von dieser Allgemeinbildung, die ich dort erlangt habe, zehre ich noch heute. Im Nachhinein war das schon ein ganz wichtiger Bildungsauftrag, der da erfüllt worden ist. Und ich finde, das war inspirierend. Später waren es sicher meine Eltern, die geschaut haben, dass ich fremde Kulturen und Sprachen kennen lernen kann. In der Zeit habe ich das als sehr nervig empfunden, ich hätte viel lieber faul daheim gehangen... Mein Vater hat mich dann jeden Sommer irgendwo hingeschickt. Einmal nach Italien, dann nach Frankreich, dann in die USA zu Familien. Damals habe ich das wirklich als Strafexpeditionen empfunden. Jetzt sage ich aber, ich habe die Sprachen gelernt und man lernt in fremden Familien so viel, wie andere miteinander umgehen. Mein Mann und ich hoffen, dass wir auch an unsere Kinder so viel weitergeben können. Der Druck, den es dann manchmal aber braucht, ist halt eine Gratwanderung. Wenn man die Kinder alles tun lässt, was sie gerne machen, ist das vielleicht das andere Extrem... aber schauen wir einmal, wie uns das gelingt.

*Hier im Hotel sind Sie ständig umgeben sind von Hunderten Menschen. Wo ist da Zeit und Platz für Inspiration?*

Ich habe ja vorher zehn Jahre in einer Großstadt gelebt. Für mich war es am Anfang schon eine große Umstellung hier her zu ziehen. Irgendwie war das Leben wieder komplett neu zu organisieren, bis zu den Freizeitmöglichkeiten. Wir mussten auch realisieren, dass es keine Trennung zwischen Freizeit und Beruf gibt. Ich habe das aus der Kindheit gekannt, aber wenn man das dann zehn Jahre anders erlebt, muss man sich wieder ein bisschen umorientieren. Dann gab es die Einarbeitungsphase in den Betrieb, wo ich sehr schlecht einteilen konnte, mir wirklich Freiräume zu schaffen. Wir wollten beide einfach unser Bestes geben und hatten damals ja auch noch keine Kinder. Man ist dann eigentlich versucht, nur mehr für den Betrieb da zu sein und zu denken. Die Kinder, die dann auch schon bald gekommen sind, waren der Auslöser dafür, sich auch wirklich bewusst eine Auszeit zu nehmen. Mittlerweile finde ich sehr viel Kraft und den Gegenpol im Sport. Ich mache jeden Tag eine Stunde Sport, eben Laufen in der Natur oder sonst im Fitnessstudio bei uns, wenn es draußen gar nicht geht, oder Schwimmen im Seebad. Früher habe ich den Stellenwert unseres Freizeitangebotes nicht so erkannt, aber mittlerweile sehe ich das als gnadenlosen Vorteil. Es gibt keine Ausrede, dass man irgendetwas nicht machen kann. Ich trage mir meine Zeiten zum Laufen wie einen Termin ein. Wenn man darauf wartet, dass der Zeitpunkt kommt, dann kommt er nie. Und sonst muss ich den halt freischaufeln oder auch freikämpfen gegen alle Angriffe von außen. Das funktioniert meistens.

*Sie erzählen viel von Reisen, vom Laufen, von Aktion. Gibt es auch Rückzugszonen oder Ruhebereiche, die Sie brauchen?*

Im Kloster habe ich die stille Meditation kennen gelernt. Ob man das christlich aufhängt oder fernöstlich ist eigentlich egal. Es ist ja allen Kulturen gemeinsam, dass es diese Tradition gibt. Dieses sich zur Ruhe begeben, sprichwörtlich nichts tun, und einfach nur den Gedanken ihren freien Lauf lassen, ist sehr inspirierend. Jene, die es wirklich können, fangen die Gedanken ja auch irgendwie wieder ein, aber da bin ich noch weit davon entfernt. Mir gelingt es in diesem Kloster, in dem ich mehrmals im Jahr bin – das ist ritualisiert, das hat seinen fixen Platz. Aber ich muss sagen, im Alltag habe ich das noch nicht integriert. Das ist jetzt die nächste Aufgabe.

*Wenn sie jetzt an ihre zwei Kinder denken – sind das auch Inspirationsquellen? Inwieweit lernen Sie von den Kindern, sind diese ein Vorbild für Sie?*

Kinder halten einem dauernd den Spiegel vor. Wie schön ist es, noch frei von vermeintlichen Erwartungshaltungen und Tabus und Sorgen, Ängsten und Konventionen zu sein! Je kleiner sie sind, umso natürlicher und selbstvergessener können sie sich einer Sache hingeben und spielen. Ich hatte einmal eine Chefin, die hat gesagt, man wird verhunzt vom Leben. Aber man wird einfach geprägt und jeder auf seine Art und Weise. Unsere Kinder sind natürlich auch geprägt durch unseren Betrieb. Wir stehen dauernd vor den Gästen und den Mitarbeitern auf einer Bühne, wir sind immer unter Beobachtung. Da muss man halt den richtigen Weg finden zwischen dem Entsprechen-Müssen und -Wollen und dem, was man sich bewahrt, wo man sagt, da muss ich jetzt nicht meine Rolle spielen. Wir merken das auch an unseren Kindern, sie wachsen da schon voll hinein. Kinder lernen durch wertfreie Imitation. Sie sehen das bei uns und machen das nach. Ob das jetzt gut oder schlecht ist, wenn man jedem die Hand gibt, das ist für sie normal und sie machen das auch nicht ungern, weil sie sehen, wir gehen ja freundlich mit unseren Gästen um und die sind auch freundlich zu uns. Man gibt sich gegenseitig Aufmerksamkeit und Wertschätzung und das erleben sie positiv und deswegen machen sie das auch gerne.

*Haben wir etwas vergessen? Fällt Ihnen jetzt noch etwas ein, was Sie zum Thema Inspiration sagen möchten?*

Inspiration aus Kunst und Kultur hat in unserem Leben noch nicht den Stellenwert, den ich mir wünschen würde. Mein Mann kommt aus einer Künstlerfamilie, sein Vater war bei den Münchner Philharmonikern und in seiner Familie waren Kunst, Kultur, Literatur und Musik immer sehr wichtig. Wir wünschen uns beide, dass wir dem mehr Stellenwert geben können. Es ist zeitaufwändig, weil man irgendwo hinfahren muss. Doch wir haben ja auch die Möglichkeit Leute hierher zu holen. Wir merken einfach immer, wie inspirierend es ist, interessante und gescheite Leute im Haus zu haben. Das gibt einem viel Kraft, man lernt wieder etwas Neues und schaut über den eigenen Tellerrand.

 *Zeit zur Reflexion*

Wie lasse ich mich auf Veränderungen ein?

Welchen Einsatz bin ich bereit dafür zu leisten?

Wenn ich Gastgeber bin, was ist mir dann für meine Gäste wichtig?

Wie gelingt es mir, unterschiedliche Kulturen in mein Leben zu integrieren?

Könnte Meditation ein Weg für mich sein zur Ruhe zu kommen?

Umgebe ich mich mit inspirierenden Persönlichkeiten?

Was hat mich für mein Leben geprägt?

# „Inspiration braucht eine Atempause"

*Mag. Josef-Klaus Donko, Stiftspfarrer*

©Foto Wallner

Der Dom zu Maria Saal gehört mit seinem Ensemble an Wehranlagen, Karner, Propstei- und Dechanteigebäude zu den eindrucksvollsten sakralen Bauten Kärntens. Frischen Wind in die altehrwürdigen Gemäuer bringt Stiftspfarrer Mag. Josef-Klaus Donko. Da stehen zum Beispiel eine Maiandacht für wiederverheiratete Geschiedene oder Gesprächsforen für Fragen und Themen des Lebens „ohne Maulkorb und Denkverbot" auf dem Pfarrprogramm. In der Stille des Pfarrhofes, mit Blick über das Zollfeld, entwickelte sich ein Gespräch über Schöpfergeist, Freiräume, An- und Entspannung, redliches Denken und Menschen, die etwas mit sich anfangen können.

*Es geht um das Thema Inspiration. Wenn Sie dieses Wort hören, was verbinden Sie damit, was ist das erste, was Ihnen dazu einfällt?*

Als erstes fällt mir von der Sprache her das Wort selbst ein. In dem Wort Inspiration ist das Wort Spiritus enthalten. Spiritus, mit dem verbinde ich natürlich von meinem Hintergrund her Spiritus der Lebensgeist, der Schöpfergeist, der kreative Geist. Inspiration ist dann vielleicht das Höhere, etwas, was man nicht machen kann, was man nicht in der Hand hat, was geschieht. Trotzdem kann man dafür etwas tun, dass man ein inspirierter Mensch ist. Oder Spiritus, der Geist würde für mich heißen, ein Mensch mit Geist, oder negativ ausgedrückt: Wenn man sagt „ein geistloser Mensch", dann meint man einen Menschen ohne Inspiration. Das heißt ein Mensch, der in der Gewohnheit, in der Erstarrung, im Leblosen festgefahren ist. Inspiration hat für mich etwas zu tun mit Leben, mit Leben wecken, mit Leben fördern, aufleben lassen, neue Perspektiven eröffnen, Horizonte auftun. In diesem Sinne hat es für mich auch etwas mit verunsichern zu tun, weil der Geist Neues und Überraschendes bringt und mich damit auch aus den eingefahrenen Denkmustern oder gewohnten Haltungen herausreißt.

*Kann man etwas dafür tun, dass man als Mensch inspiriert ist?*

Zunächst einmal kann man etwas tun durch eine bestimmte Grundhaltung. Wenn ich den Eindruck habe, alles selber machen zu können und schon alles zu wissen, bin ich praktisch mit mir selber so ausgefüllt, dass kein schöpferischer Freiraum bleibt für Inspiration. Inspiration ist auch etwas, was mit mir selbst nicht deckungsgleich ist, Inspiration ist mehr als ich, ist anderes als ich. Das zweite: Inspiration braucht auch so etwas wie eine Atempause. Wenn ich dauernd in Bewegung bin, wenn ich dauernd mit Vollgas fahre, ist Inspiration kaum oder nicht möglich, weil Inspiration auch so etwas wie Empfänglichkeit braucht. Wenn Inspiration etwas ist, was mir zukommt, was ich nicht selber mache, dann muss in mir eine Form der Empfänglichkeit da sein. Und Empfänglichkeit heißt für mich auch einmal nichts tun. Inspiration hat für mich auch etwas zu tun mit Unterbrechung von Aktion.

*Erlangt man eher Inspiration, wenn man entleert ist, Ruhe hat? Wann entsteht das überhaupt?*

Mir fällt die Chefin der Computerfirma Hewlett-Packard ein, die gesagt hat, sie stehe jeden Tag um vier Uhr in der Früh auf. Bevor sie in ihre Firma gehe und den Weltkonzern leite, brauche sie eine Zeit für sich allein, eine Zeit des Nachdenkens, der Besinnung, der Muse, wo sie zum Beispiel auch mit ihren Pflanzen etwas macht, weil sie das inspiriert. Also hat Inspiration auch etwas mit Entspannung zu tun. Denn Anspannung führt zu einer gewissen Verhärtung und dann bekommt der Mensch so etwas wie eine geistige oder menschliche Hornhaut, durch die Inspiration schwer durchkommt. Inspiration hängt auch mit Besinnung zusammen. In dem steckt das Wort Sinn drin. Inspiration hat wahrscheinlich auch etwas mit Sinn zu tun, indem sie mir sinnvolle Dinge eröffnet.

*Wie machen Sie denn das mit der Inspiration?*

Ich brauche jeden Tag eine Zeit für mich alleine. Für mich hängt Inspiration auch mit Gebet zusammen. Gebet nicht so sehr im Sinne von Worte machen, sondern eher im Sinne von einem schweigenden Hören. Das heißt ganz konkret, dass ich zum Beispiel dann im Zimmer oder in der Kapelle dasitze und auch nicht bete und nicht rede, sondern in Ruhe und in Schweigen da bin. Wenn der Mensch in Bewegung ist, dann kommt er manchmal innerlich außer Atem, sodass er oft nur körperlich präsent ist, aber nicht geistig oder auch innerlich oder emotional. Und zur Inspiration gehört Präsenz dazu, Präsenz in der Gegenwart. Wenn ich zum Beispiel ganz bei mir bin und so etwas wie innere Gesammeltheit spüre, kommen oft gute Ideen.

*Gibt es da eine gewisse Methode, wie Sie die innere Gesammeltheit erreichen?*

Das kann man in einer Form der Selbstwahrnehmung lernen und auch geistig trainieren – so wie man sich zum Beispiel bei einer Arbeit konzentriert. Wenn man nachdenkt oder einen Brief oder ein Konzept schreibt, muss man sich ganz auf das Jetzt konzentrieren, sonst kommt nichts. Und in der Selbsterkenntnis ist auch die Möglichkeit sich auf sich selbst zu konzentrieren, darauf, dass ich jetzt hier selbst sitze. Dann habe ich den Eindruck, dass ich zum Beispiel ganz ruhig werde, die innere Atemlosigkeit einem regelmäßigen Atem weicht und ich dann fühle: Jetzt bin ich da. Jetzt bin ich präsent, jetzt bin ich bei mir.

Wenn ich auf mein bisheriges Leben zurückschaue, sind oft in diesen Momenten Ideen und Einfälle gekommen, sind mir Erkenntnisse zugefallen. Vielleicht schließe ich jetzt diesen Gedanken und gehe noch einmal auf die Bibel zurück. Jesus verwendet im Gespräch mit Nikodemus, als er über den Geist spricht, das Bild vom Wind. Der Wind weht, wo er will, er ist nicht festzuhalten, aber er wird spürbar und erfahrbar. Und er wird erfahrbar für diejenigen – dieser Geist der Inspiration, der Wind, der Verstaubtes oft wegbläst und Neues, Kreatives, Schöpferisches bringt – die eine gewisse innere Freiheit und Präsenz leben.

*Gibt es für Sie noch andere Wege und Möglichkeiten Inspiration zu erfahren?*

Das ist jetzt eine Seite, für mich hat Inspiration auch andere Seiten. Das hängt zum Beispiel mit Kunst zusammen. Musik, Literatur, Malerei oder Architektur sind für mich wichtige Dinge gewesen. Zum Beispiel einen großartigen Raum zu sehen. Ich war jetzt im April in der Toskana und da war ich in der Kirche San Antimo, die unter Karl dem Großen im neunten Jahrhundert erbaut worden ist – eine romanische Kirche bei Montepulciano. Und da kam die Sonne. Dieser einfache Steinbau mit dem großartigen Geist, der dahinter ist, hat mich über den Alltag hinausgehoben oder so etwas wie Transzendenz erfahren lassen. Transzendenz in dem Sinne über sich selbst hinauszusteigen. Dann ist ein Ort der Inspiration für mich die Herausforderung oder die Begegnung mit Menschen. Ich habe meinen bisherigen Lebensweg als einen manchmal anstrengenden, aber beschenkenden Weg der Inspiration erlebt. Das heißt, indem ich mich zum Beispiel Auseinandersetzungen, Kritik, oder auch der Meinungsvielfalt von Menschen gestellt habe, sind mir neue Dinge aufgegangen. Redliches Denken ist für mich eine Voraussetzung der Inspiration. Inspiration führt mich hin zu Wahrheit des Lebens oder lässt mich etwas mehr davon erkennen. Redliches Denken heißt für mich, sich nicht am Leben vorbeischwindeln. Ein Mensch, der sich selbst etwas vormacht oder der nicht authentisch denkt, bei dem kann Inspiration nicht wirksam werden. Redliches Denken heißt ja auch, mich selbst relativieren, also nicht alles kennen, nicht alles wissen, nicht der Beste sein. Ich kann Bedenken der Leute mit theologischen Stehsätzen niederbügeln und dann hat man den Eindruck, es wirkt nicht überzeugend. Redlich sein heißt für mich auch, auf ein Argument, das ein anderer hat, richtig einzugehen und nicht nur eingelernte Denkmuster und Sprachmuster zu wiederholen. Ganz egal, wer jetzt vor mir sitzt.

*Da gehört ja auch die Qualität des Zuhörens dazu...*

Zuhören hat wieder etwas damit zu tun, dass ich einmal höre, weil ein anderer auch mir etwas zu sagen hat. Das könnte man auch als Umschreibung von Inspiration bezeichnen, mir wird etwas gesagt durch einen anderen Menschen oder durch eine Lebenssituation.

*Wenn Sie der Inspiration einen der fünf Sinne zuordnen würden, welcher wäre das? Oder ist das etwas, was mit Sinnen eigentlich nicht greifbar ist?*

Die Augen, den Sehsinn würde ich zuordnen. Das heißt, ich sehe etwas Neues in meinem Leben oder in der Welt oder bei einem Menschen. Mir geht ein Licht auf und in diesem Licht erscheinen mir Dinge anders, neu, überraschend, verfremdet.

*Weil sie früher auch das Hören genannt haben...*

Ja, ich würde sagen, das Hören ist eine Voraussetzung für die Inspiration, aber das was Inspiration bewirkt, würde ich mit dem Sehen verbinden. Indem ich Ihnen zuhöre, sehe ich neue Dinge. Es gibt dieses Wort, das manche Sokrates zuschreiben, der sagt: Rede zu mir, damit ich dich besser sehen kann. Nicht rede zu mir, damit ich dich besser hören kann, sondern rede zu mir, damit ich dich besser sehen kann. Das wäre für mich eigentlich eine Beschreibung von Inspiration. Es wird mir etwas gesagt, damit ich etwas neu oder etwas Neues sehe.

*Können Sie eine Anleitung zu inspiriertem Leben geben? Wie kann man das im Alltag verwirklichen?*

Da Inspiration etwas mit mir selbst zu tun hat, gehört zur Inspiration auch Zeit für mich selbst zu haben. Das heißt einfach ruhig sein und still sitzen. Es kann aber sein, dass ich einmal einen Spaziergang mache, oder nachdenke, oder lese, oder Musik höre. Mir kommt vor, inspirierte Menschen sind Menschen, die mit sich selbst etwas anfangen können. Sie spüren, dass die

Welt größer ist als sie selbst, dass sie nicht der Mittelpunkt des Weltalls sind, dass es Größeres gibt, was empfangen werden kann. Und wenn man da versucht, eine gewisse Distanz und eine Relativierung der alltäglichen Dinge zu schaffen, merkt man oft selbst, wie man mit dem Abstand von den Dingen einen besseren Überblick hat. Wenn ich etwas schreiben muss und ich habe eine Blockade, nehme ich ein bisschen Abstand davon und plötzlich lässt sich das in Sprache fassen oder der Gedanke wird klar. Es geht darum, nicht vor den Dingen zu flüchten, aber sich auch nicht von ihnen versklaven zu lassen oder ihnen nicht wehrlos ausgeliefert zu sein.

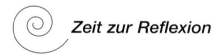 *Zeit zur Reflexion*

Wo fühle ich mich erstarrt?

Was will in mir zum Leben erweckt werden?

Wann gelingt es mir, mich aus gewohnten Denkweisen und Haltungen herauszuholen?

Wie schaffe ich es auf Distanz zu gehen?

Welche Atempausen gönne ich mir?

In welcher Form kann ich beten – „schweigend hören"?

Wann gelingt es mir, ganz bei mir zu sein?

Bringen mich Auseinandersetzung und Kritik weiter?

„*Inspiration ist ein geglückter Moment*"

*Mila Baldi, Gesundheitsmanagerin
und Weltnomadin*

Der erste Eindruck: Wie kann so viel Energie in einer so zierlichen Person stecken? Unter den rund 70 TeilnehmerInnen eines Workshops beim Sommercampus im italienischen Thermalkurort Abano fiel mir Mila Baldi auch wegen ihrer formidablen Ausdrucksweise mit leichtem französischen Akzent auf. Deutsch ist „nur" die vierte Sprache der gebürtigen Marokkanerin. Seit den 90er Jahren war Mila Baldi für die Vereinten Nationen und die Deutsche Entwicklungshilfe in Ländern wie Senegal, Burkina Faso, Tanzania, Bangladesh, Indien, Ägypten und Marokko tätig. Die Psychologin und Gesundheitsmanagerin lebt und arbeitet derzeit für eine internationale Organisation zwischen Wien, Berlin und Zentralasien. Ihre Schwerpunkte sind die die Frauengesundheit und die Verbesserung der Gesundheitssysteme. Inspiration ist eine Grundvoraussetzung für Mila. „Wenn ich keine Inspiration mehr habe, das heißt, nicht mehr fähig bin, etwas Kreatives aus dem Alltagstrott heraus zu schaffen, gefällt mir meine Arbeit nicht mehr. Da neige ich dazu, die Arbeit sofort zu wechseln", meint die Weltnomadin, die spätestens mit 60 chinesisch lernen will … natürlich in China.

*Wenn du das Wort Inspiration hörst, was fällt dir als erstes dazu ein? Was kommen da für Assoziationen?*

Ich gehe davon aus, dass es für jeden Menschen anders ist. Für mich ist es Licht, ein ganz besonderes Licht aus meiner Kindheit. Ich glaube, das ist eine meiner ersten Erinnerungen und für mich immer wieder ein großer Moment der Inspiration. Ich kehre immer wieder zurück zu diesem Moment, wo ich ganz, ganz bewusst einen Lichtstrahl wahrgenommen habe. Da war ich etwa drei Jahre alt. Es war an einem sehr heißen Tag, wie es sie in Marokkos Sommer häufig gibt. Ich stehe an einem schattigen Ort, da war eine Treppe, auf die ich meine Hände stütze, und wie in den meisten marokkanischen Häusern sind die Innenräume weiß gestrichen. Und dann kam ein sehr schöner, starker Lichtstrahl, also starke Sonne. Und als diese Sonne meine Haut berührte, kam ein großer Eindruck und eine innere Stimme, die mir sagte: Du bist glücklich. Das ist irgendwie einer meiner wirklich ersten bewussten Momente in meinem Leben. Da ist dieses schöne Glücksgefühl, das eben in diesem Moment mit diesem Licht verbunden war. Und seitdem sind Situationen, wo ein sehr schönes Licht vorhanden ist, vor mir ist und der Himmel, der dazugehört, eine ganz große Inspirationsquelle.

*Kannst du dir das, wenn du Inspirationsquellen brauchst, wieder vorstellen? Muss das Licht dann da sein, oder kannst du es dir herbeiholen?*

Ich muss sagen, ich bin verwöhnt. Ich reise viel und durch meinen „Nomaden-Lebensrhythmus" befinde ich mich meistens in Ländern, wo es ein schönes Licht gibt. Aber ich kann dieses innige Gefühl auch in Zusammenhang mit einem besonderen regnerischen Wetter bringen, z.B. in Deutschland, in London, oder in New York. Das Glücksbefinden dieser lichtfreien Momente vernetzt sich für mich allerdings sofort mit diesem tollen Moment des Glücks, dieser Momentaufnahme mit drei Jahren, Und da werden Dinge für mich frei, wo ich eine gewisse Leichtigkeit habe. Inspiration ist ja auch eine gewisse Leichtigkeit und Eleganz, Dinge zu machen, mit intensivem Spaß. Sowohl beim Schaffen, als auch beim Betrachten des Ergebnisses, z. B. wenn ich eine sehr gute Idee, die ich mit Passion durchgesetzt hatte, zu meiner vollen oder beinahe vollen Zufriedenheit verwirklicht habe. Natürlich kann ich sie später wieder betrachten und weniger zufrieden sein, aber es kommt auf den Moment an.

*Ist der Gedanke an dieses „Lichterlebnis" in der Kindheit die einzige Art der Inspiration, oder kannst du das durch andere Maßnahmen, Quellen, Umgebungen herbeiführen?*

Sagen wir, es ist so wie eine Zelleinheit vorhanden in verschiedenen Arten und Produkten. In Situationen der Gegenwart, die ich als Erwachsene erlebe, hat meine Wahrnehmung nichts mit dieser so frühen Erfahrung zu tun. Aber sie hat etwas davon, wenn ich Momentaufnahmen in mir aufnehme, die eine gewisse Intensität oder Verwandtschaft zu diesem Moment herstellen. In letzter Zeit höre ich die Musik von Arvo Pärt. Eine Musik voller Licht. Dieses Minimalistische würde ich nicht einmal Klang nennen, denn das, was Licht für mich herbeibringt, ist mehr die Stille zwischen den wenigen Klängen, die er wunderbar arrangiert – diese auserlesenen Momente können Inspiration und Lichtmomente erzeugen. Es kann aber auch in einem Moment sein, in dem ich intensiv mit ein paar Kindern diskutiere, oder sie betrachte, wie ich in ihren Augen ein Lachen sehe, oder auch in dramatischen Momenten. Zum Beispiel war ich bei einem meiner Besuche in den Gesundheitsstationen in einem afrikanischen Land zufällig bei der Entbindung einer Frau dabei. Dieser Moment war sehr dramatisch, da sich die Frau in einem sehr schlechten Zustand befand, und dennoch unglaublich magisch. Wie diese Frau, die in höchster Not war, meine Hand ergriffen hatte, als ob sie die Hoffnung wäre! Diese Gemeinsamkeit bedeutet für mich einen großen Lichtmoment, einen Moment der Inspiration. Also es muss nicht physisch Licht sein.

*Wie ist das in deiner Arbeit, wie wichtig ist da Inspiration, um gute Arbeit zu leisten?*

Sehr wichtig. Ich würde dies pragmatisch mit einer Schaffenskraft vergleichen. Die Inspiration bei der Arbeit ist für mich unerlässlich. Ich denke, wenn ich keine Inspiration mehr habe, das heißt, nicht mehr fähig bin, etwas Kreatives aus dem Alltag heraus zu schaffen, gefällt mir meine Arbeit nicht mehr, und dann entscheide ich mich für einen Wechsel.

*Hast du das schon oft getan?*

Ja. Als internationale Beraterin wechsle ich Land und Aufgaben alle drei, vier Jahre. Und am liebsten mache ich etwas, wo ich mit Kreativität herangehen kann.

*Das ist immer die Frage, es gibt ja viele Momente im Leben, die kreativ sind, wo man eine Idee hat, oder einen Einfall. Wann ist denn etwas eine Inspiration? Was macht denn Inspiration zur Inspiration?*

Ich möchte sagen: In erster Linie kommt es auf das Gefühl an. Und die Ästhetik. Mich berührt auch die Ästhetik. Und die Ästhetik eines Moments schlägt sich auf die Gefühle nieder. Ein abstraktes, intellektuelles Buch kann bei mir auch Gefühle erzeugen. Das ist nicht nur eine Befriedigung für den Geist. Insofern ist es nicht zu trennen von Inspiration. Momente der Inspiration sind auch solche, die ganz komplexe Gefühle herbeiführen. Wenn sie auch noch praktische Wirkungen haben, die anderen Menschen zu Gute kommen: ausgezeichnet! Das ist der gelungene Moment. Peter Handke hat dafür einen treffenden Ausdruck in seinem Buch „Der Versuch über den geglückten Tag" geprägt. Ein Moment der Inspiration ist ein „geglückter Moment", er ist glücksträchtig.

*Und der trägt auch weiter...*

Genau.

*Kannst du Inspiration auch bewusst herbeiführen? Kannst du dich hinsetzen und sagen: Jetzt hätte ich gerne eine?*

Ich glaube nicht, dass ich so diszipliniert bin. Ich gelte aber als ein „Selbstzünder". Mir gelingt es – nicht immer, aber in den meisten Situationen – auf mein Befinden von innen aus zu wirken. Ich brauche nicht unbedingt bestimmte Reize. Natürlich habe ich meine schwierigen Momente, wie jeder andere Mensch auch, wo ich mir einfach sage: „So, jetzt lasse ich mich gehen". Aber meistens mache ich daraus auch einen schönen Augenblick, dann lege ich mich hin und sage für mich: „Ich ziehe mich zurück, bis auf weiteres". Und das ist dann wieder – paradoxerweise – auch ein guter, stiller, fast glücklicher Moment. Sagen wir mal so: Ich kann einen Moment, der vielleicht durchschnittlich ist, ein bisschen schöner machen, und das Ergebnis ist dann vielleicht ein Inspirationsprodukt.

*Wie ist denn das in deiner Umwelt? Bist du umgeben von vielen „inspirierten" Menschen? Woran erkennst du, wer ein inspirierter, oder inspirierender Mensch ist?*

Menschen überhaupt sind sehr, sehr inspirierende Elemente für mich, wenn ich das so ausdrücken darf, ohne sie abzuwerten. Vielleicht noch stärkere und lebendigere Inspirationsquellen als die Momente, die Landschaften, die ich da aufgezeigt habe. In meiner Umgebung sind die meisten Menschen, glaube ich, normal. Ich habe aber das Glück, immer wieder ganz außergewöhnliche, brillante, im Sinne von einzigartigen, inspirierenden, Menschen zu kennen, also nicht brillant im Sinne von IQ oder so, aber die so eine Dichte, eine menschliche Qualität haben, die mich inspirieren und auf mich lange nachwirken.

*Sind die dann auch in deinem Team, oder in deiner nächsten Arbeitsumgebung? Oder in deiner Familie?*

In meiner Familie fällt mir sofort meine Großmutter ein. Auch jetzt, wo sie nicht mehr lebt. Sie ist, für mich, eine große Inspirationsquelle. Und sie bleibt es für mich, auch wenn sie physisch nicht mehr da ist.

*Was macht sie zu so einer großen Inspirationsquelle?*

Dass sie für ihre Zeit im genauen Sinne des Wortes fortschrittlich war. Dass sie aus ihrer Umgebung, aus ihrer Situation, ein unheimlich starkes und reiches Leben gemacht hat. Und vor allem, dass sie lebenslang so viel Mut und klare Weisheit besaß. Zum Beispiel: Als ich 13 war, hat mir meine Großmutter eines Tages unverschnörkelt und direkt die Antibaby-Pille gegeben. Sie sagte: „Ich habe sie deiner Mutter geklaut. Die kann sie von ihrem Gynäkologen bekommen, aber du nicht. Du bekommst sie regelmäßig von mir, damit du keinen Pfusch mit deinem Leben machst, das wäre zu schade, du bist ein zu toller Mensch." Und durch diese Geste wurde ich auf die Folgen, die es haben könnte, wenn ich dies nicht beachtet hätte, aufmerksam. In Marokko, wie in vielen Ländern heute noch, bekamen Teeanger keinen Zugang zu Verhütungsmethoden. Und gerade in diesem Alter findet man jemanden nett, und dann kommt es vielleicht zu einer ungewollten Schwangerschaft. Das wäre dann eine große Zerstörung des Lebens. Dass ein Mensch, der ein soziales Produkt einer mediterranen Umgebung ist, fähig war, so weit über den Tellerrand zu denken, sich seine Existenz als Frau so bewusst zu machen, weit vorauszuschauen und das in einer ganz natürlichen Geste... das war für mein Leben ein massives, klares Zeichen. Ich sehe das wirklich als Inspiration für mich, ich setze das auch häufig als Messlatte für pädagogische Geschicklichkeit. Ich weiß nicht, ob ich die Fähigkeit und Klarsicht gehabt hätte, so etwas zu machen.

*Du wolltest noch von anderen Menschen etwas erzählen?*

Ja. Bei der Arbeit muss ich sagen, ist es weniger die Inspiration, als ein Rollenmodell, das mich inspiriert. Wenn ein Verhalten anderer mich auf Ideen bringt, auf neue Pfade lockt, so dass ich diese Ideen erfolgreich umsetze, dann war ich gut inspiriert.

*Gibt es etwas, was deine Inspirationskraft hemmt? Wo du sagst, das ermöglicht sicher keine Inspiration?*

Ja, zum Glück! Denn sonst würde ich die „Inspirationsmomente" wahrscheinlich gar nicht als solche erleben. Ich glaube, ich bin eher ein Mensch, der gegen autoritäres Verhalten ist. Wenn ich konfrontiert bin mit einer Situation, wo meine Freiheit gefährdet, oder stark eingeschränkt ist, da wäre kein Raum für Inspiration. Eine Hemmung kann auch die Form einer unlogischen oder unerklärlichen Regelung sein. Zwar habe ich eine große Toleranz für einen Großteil solcher Regelungen, es gibt aber ein paar Vorschriften, die mich irritieren, weil keine Logik dahinter ist: Da kommt keine Inspiration in solchen Momenten. Ich bin gerne lösungsorientiert. Probleme sind auch „Lösungspotentiale". Nicht, dass ich immer die besten Lösungen finde oder überhaupt Lösungen finde. Aber wenn man mir die Freiheit nimmt, mich mit etwas auseinanderzusetzen, ist es eine Inspirationshemmung, ja eine Kränkung. Eine Wand.

*Und wenn das vorkommt, dann suchst du dir einen neuen Job?*

Zum Beispiel. Wenn es mich unnötige Nerven kostet und wenig Entfaltungsmöglichkeiten bietet, höre ich auf meine innere Stimme und entscheide mich für etwas Besseres.

*Du hast jetzt gerade von deiner inneren Stimme gesprochen, hängt die auch irgendwie mit der Inspiration zusammen?*

Ja sicher, sie hat eine Stimme, aber ich würde nicht sagen, die Inspiration ist eine Stimme. Sie ist viel mehr. Aber die Wirkung einer Inspiration äußert sich für mich dadurch, dass es eine ganz sichere Stimme in mir ist, die mir sagt: Das ist es. Selbst wenn der Verstand manchmal kleine Bedenken hat. Wenn eine Entscheidung so erfolgt, ist das ein Indikator.

*Jedenfalls ist diese Entscheidung so kraftvoll, dass der Verstand nicht seine Wichtigkeit bekommt?*

Der Verstand ist sehr stark daran beteiligt. Ich bin keine Neurologin, ich weiß nicht, wie die Kräfte verteilt sind. Ich glaube, der Verstand ist so flexibel, dass man ihm auch nicht ganz so Handfestes verkaufen kann. Ich würde zum Beispiel über eine Angelegenheit sagen: Ich bin ganz sicher, das wird gut. Und dann würde ich mir sofort eine Geschichte vorstellen, die das in einem guten Licht dastehen lässt. Möglicherweise komme ich dann dazu, die Aktion so zu verwirklichen, und dann ist es ein Volltreffer. Es kann aber sein, dass es daneben geht. In beiden Fällen wäre der Verstand wichtig, aber nicht alles gewesen.

*Wenn du deine inspirierteste Vision für dein Leben verwirklichen könntest, wie würde die ausschauen?*

Ganz spontan würde ich sagen: Ein Leben frei von Langeweile zu haben. Ich bin realistisch, es gibt Momente, wo sich Langeweile anbahnt. Aber ich bin so programmiert, dass dies in mir die Suche und das Schaffen eines besser inspirierten Lebens auslöst. Positiv ausgedrückt würde ich sagen: die Möglichkeit sich leidenschaftlich zu interessieren, sich zu entflammen für immer wieder neue Lebensinhalte. Arbeit ist ja nur ein Teil des Lebensinhaltes. Vor zehn Jahren habe ich Arvo Pärt nicht gekannt. Es gibt so viele Länder und so viele Sprachen, die noch zu entdecken sind. Ich habe vor, mit 60 Jahren Chinesisch zu lernen. Wenn ich mir ausmale, was damit verbunden sein wird, dass ich in China vielleicht leben werde, so ist das sehr inspirierend für mich. Die inspirierende Vision ist dann für mich, dass mein Leben aus gewollten Momenten besteht, wo mein echtes Interesse an Lebensinhalten im Einklang mit mir ist.

*Haben wir noch irgendetwas vergessen, etwas, was dir jetzt sofort einfällt zu Inspiration?*

Die Inspirationsbotschaften: Bücher, Gedanken, Sprachen und Worte sind wichtig für mich. Und das, was ein Wort oder eine Reihe von Worten mit einem machen können.

*Gibt es Worte, oder Sätze, die dich geprägt haben?*

Ja. Vielleicht ein Satz, der mich als Teenager stark geprägt hat. Ich glaube, er stammt von Victor Hugo und geht etwa so: „Du bist im Wald, du läufst, du siehst einen Schatten, einen Baum, einen Menschen, einen Mann, deinen Bruder." Ich war wahrscheinlich 12 oder 13, als ich das gelesen habe, und ich erinnere mich, dass mich das mehrere Tage stark beschäftigt hat. Das habe ich immer noch im Kopf. In diesen Worten ist fast eine ewige Grundlage für den Humanismus, für das Leben enthalten. Angenommen, ich würde dich jetzt in einer Stadt, zum Beispiel in Wien, treffen. Ich bin in einem Café, du sitzt ein paar Tische weiter und wir sagen einander nichts, weil ich dich nicht kenne. Später würde ich dich hier, in diesem Kurs, wieder treffen, du bist nun schon etwas mehr als andere, die ich zum ersten Mal sehe, und auch als das, was ich beim ersten Mal von Dir gesehen habe. Und so kommen wir uns näher, bis dahin, dass ich deinen Vornamen weiß und dass wir miteinander reden. Das Leben besteht aus dieser Sequenz, diesem Satz, der mich sehr beeindruckt hat.

*Zeit zur Reflexion*

Wann und wie erlebe ich Lichtmomente?

Wie schaffe ich im Alltagstrott etwas Kreatives?

Was mache ich in meinen schwierigen Momenten?

Welche Erinnerungen verbinde ich mit meinen Großeltern?

Die inspirierteste Vision für mein Leben lautet: ..................................................................

..............................................................................................................................................................

Welche Sätze haben mich als Kind inspiriert, welche sind es heute?

„…für sich bestimmen, was das Wesentliche ist…"

*Sissy und Stefanie Sonnleitner,
Haubenköchinnen*

Zwei Generationen sitzen mir im bezaubernden Garten des Landhauses Kellerwand in Kötschach-Mauthen gegenüber. Die Haubenköchin Sissy Sonnleitner, die auf ihre unvergleichliche Art kärntnerische und mediterrane Küche zu vereinen weiß, und ihre Tochter Stefanie, die mit der Mutter in der Küche steht, neue Ideen einbringt und den Betrieb fortführen wird. Zum Plätschern des Brunnens gesellt sich im Laufe des Interviews immer wieder das Lachen der beiden. An dieses erinnere ich mich, als mir Sissy Sonnleitner zu Weihnachten eine Karte mit folgendem Text sendet:
„Ich stehe mit dem richtigen Fuß auf, öffne das Fenster der Seele, verbeuge mich vor allem was lebt, wende mein Gesicht der Sonne entgegen, springe ein paar Mal über meinen Schatten und lache mich gesund. Wäre das nicht ein guter Vorsatz für das Neue Jahr?"

*Was fällt Ihnen zum Thema Inspiration als erstes ein?*

Sissy Sonnleitner: Inspiration ist die Berührung mit Geist, Natur, Religion, Kunst oder Musik, zum Beispiel das Kärntner Lied oder Klassik. Beinahe jede Kirche inspiriert mich, vor allem der Dom zu Gurk. Als ich das erste Mal dort war, war das ein volles Programm für meine Seele.

Stefanie Sonnleitner: Für mich bedeutet Inspiration, dass ich bei meiner Tätigkeit ganz präsent bin und mich nicht berieseln lasse. Kochen ist eine gute Möglichkeit dafür. Für mich ist es wichtig, Zeiträume zu schaffen, in denen man keinen Zweck verfolgt, und das in regelmäßigen Abständen.

*Wann ist Inspiration beim Kochen im Spiel?*

Sissy: In der Entwicklung braucht man Inspiration mit Sicherheit. Am Herd auch in dem speziellen Punkt, dass man achten muss bei sich zu bleiben. Gerade wenn man viel zu tun hat, ist man geneigt nach außen zu gehen und nur mehr zu werken. Und dann braucht man auch sehr viel Inspiration, so etwas über so viele Jahre zu machen. Ich betrachte das immer als Geschenk, dass etwas nach 30 Jahren in gewissen Bereichen sogar noch mehr Spaß macht. Disziplin ist für alles im Leben ein ganz wichtiger Punkt, sich immer wieder zu beschränken und zurückzunehmen und für sich zu bestimmen, was ist das Wesentliche, worauf konzentriere ich mich. Das ist sowieso schwer genug für sich zu bestimmen, nach wie vor. Ich übe immer noch. Schwer fällt's, weil ich im Sternzeichen ein Zwilling bin und der braucht natürlich viele Schlachtfelder. Das Wesentliche zu finden war bei mir eher mein Mann, der mir ein Korsett angelegt hat (lacht), für das ich überwiegend sehr dankbar bin. Die Welt wäre für mich ja gerade recht genug gewesen, dass ich alles missioniere und alles in die Hand nehme, das wäre ja meine Sache gewesen. Und er hat mich immer wieder zurück geholt und beschnitten und beschränkt und immer wieder gesagt, das ist deine Hauptstärke und dabei musst du bleiben.

*Und Sie haben das dann geglaubt?*

Sissy: Nicht immer! (lacht) Da müssten wir ihn jetzt dabei haben, aber dann glaube ich, würde es ein Roman werden (lacht).

*Wie halten Sie das mit der Disziplin?*

Stefanie: Ich habe sehr lange gebraucht, das zu

verstehen. Mit dem Arbeiten hier im Haus war es zum ersten Mal so, dass es mir wichtig wurde. Es wäre für mich nichts schlechter, als immer das zu kriegen, was ich haben möchte. Das Dabeibleiben und die Kontinuität in meinem Verhalten und Tun ist viel wichtiger als das, was das kleine Kind in mir haben will.

*Wie ist das bei Ihnen mit der Inspiration beim Kochen?*

Stefanie: So während des Kochens würde mir ja viel einfallen. Da brauche ich auch viel Disziplin, um das abzugleichen: Passt das zu mir, passt das hierher, passt das zu den Leuten? Diese Gedanken und diese Ideen müssen halt so mitlaufen und es muss immer wieder abgeglichen werden und dann baue ich es ein oder ich verwerfe es halt. Es ist mehr ein Prozess. Aus einem Einfall heraus kann ich nichts machen. Mir ist es wichtig, dass es nicht so ein großer Sprung ist. Ich finde nichts Uninteressanter, als aus dem Moment heraus eine totale Sensation zu machen, das ist nicht schwierig. Schwieriger ist es, dass es in das Gesamtbild hineinpasst.

*Inspiriert ihr euch gegenseitig beim Kochen?*

Sissy (wiederholt die Frage): Das denke ich schon. Von der Grundausrichtung waren wir eher unterschiedlich. Die Stefanie ist, wie andere Töchter auch, Teilvegetarierin. Sie bewegt sich aus dem Grund in eine andere Richtung wie ich und da passiert dann schon sehr viel Inspiration. Speziell für meine ganz eigene Ernährung bin ich sowohl von der Stefanie, als auch von den anderen Töchtern zu 100 Prozent inspiriert worden. Das hat sich enorm geändert.
Stefanie: Wir inspirieren uns nicht direkt in dem Sinne, jetzt reden wir miteinander und dann fällt uns etwas ein, was wir gemeinsam kreiert haben. Es passiert eher so, dass wir viel mehr zusammen sind wie früher und dass wir unterschiedlich sind. Dadurch hat jeder einen anderen Input und das gibt einem die Möglichkeit, das Kochen unbewusst aus einem anderen Blickwinkel anzuschauen. Wir können nicht etwas entwerfen, indem wir zusammensitzen und sagen, so, das ist jetzt das neue Gericht.

*Wie machen Sie es dann?*

Sissy: Wovon die Stefanie redet, das bezeichne ich als die sogenannten Reißbrettköche. Mein Mann ist das zum Beispiel. Deshalb glaube ich, dass das eher eine männliche Domäne ist, etwas zu konstruieren und das technisch und strategisch umzusetzen. Bei den Frauen kommt es ganz klar aus dem Bauch und aus der Stimmung.
Ich habe heute zum Beispiel in der Früh einen Entensalat auf die Karte gesetzt, einfach aus den Zutaten, die es jetzt gibt, herbstlich inspiriert mit ein bisserl Steinpilzen. Und dann habe ich einen Lavendelsirup gehabt und einen kleines Gelee dazu gemacht. Das ist genau so etwas, es herbstlt... die Saison auf den Teller gebracht. Auf den Lavendelsirup habe ich mich schon den ganzen Sommer gefreut und darauf, dass ich mit dem etwas machen kann. Eigentlich hätte ich ihn für den Winter gemeint gehabt, aber gut... (lacht). Möglicherweise kommt er nicht bis dorthin, aber dann wissen wir für das nächste Jahr, dass wir mehr machen müssen.

*Wie ist das mit Inspiration von anderer Seite, zum Beispiel von Gästen?*

Sissy: Sehr viel Inspiration kommt von Kochbüchern oder Zeitschriften. Jeder Zeitschrift, die ich lese, fehlen danach die interessanten Kochrezepte. Das sortiere ich in einem Registerschrank nach Saisonen und Hauptsparten und in der jeweiligen Saison wird das herausgenommen und durchgearbeitet. Da schaue ich, ob mich etwas anspringt und was zu mir und unserer Küchenphilosophie dazupasst. Inspirationsquellen sind auch die Menschen, die bei unserem Gartenfest ihre Produkte vorstellen – Essigproduzenten, Gemüseeinleger, Schokoladenhersteller. Da inspiriert mich die starke Philosophie, die diese Leute ihrer Arbeit zugrunde legen. Das bestärkt mich auch immer für die eigene Arbeit. Es ist gut zu sehen, wie ernst die Leute das nehmen, wie sehr sie sich darauf konzentrieren und das zu ihrem Lebensinhalt machen.

Stefanie: Ja, was mir sehr gut getan hat, war der Jamie Oliver, als er mit seiner TV-Sendung angefangen hat. Der hat das Kochen locker genommen und für jeden umsetzbar gemacht. Was mich zu meiner Schulzeit in der HBLA immer störte, war die Schwere. Das hatte immer so einen Touch von einer Barockmesse, wo man das Latein nicht versteht. Das hat mich nicht begeistert. Der Jamie macht das halt einfach. Auch in meiner Person gibt es hin und wieder eine Schwere und da ist es gut zu sehen, dass jemand anderer das nicht so schwer sieht und trotzdem diszipliniert seine Arbeit macht. Mich inspirieren Menschen, die zwar wissen, was sie wollen, aber weder verbissen sind noch das Leben schwer nehmen und trotzdem nach links und rechts schauen können, ob nicht andere darunter leiden.

*Ist Jamie Oliver auch für Sie ein Vorbild?*

Sissy: Vorbild kann man nicht sagen. Aber er hat eine sehr gute Arbeit geleistet, weil er den Jugendlichen das Kochen schmackhaft gemacht hat. Er hat vermittelt, dass das cool, lässig, kommunikativ ist, man kann viel selber machen, es ist so einfach, man braucht nur schauen, dass man gute Zutaten hat... Essen wurde einfach ins Zentrum gestellt und das habe ich als Botschaft ganz, ganz gut empfunden.

*Was würden Sie sich für dieses wunderbare Haus in den nächsten fünf oder zehn Jahren wünschen, welche Inspirationen gibt es da?*

Stefanie: Wir haben in der letzten Zeit einen neuen Aspekt für uns entdeckt, und das ist das Thema Nachhaltigkeit, Klimaschutz, Ökologie. Mir ist es ein ganz großes Bedürfnis, weiter daran zu arbeiten und das stark nach außen kommunizieren zu können. Wir haben ein Experimentierfeld dafür, wo wir Verschiedenes ausprobieren. Das bezieht sich auch auf die Küche. Für unser Haus war gutes Essen immer wichtig und das soll es auch bleiben. Im Gegenteil, ich glaube, dass es immer noch einen ganz großen Aufklärungsbedarf darüber gibt, was gut ist und was nicht. Wir haben das Konzept der Nachhaltigkeit auch in der Küche angefangen, weil das so ein großer und wichtiger Part ist.

Sissy: Bei mir war in den letzten Jahren eine gewisse Verunsicherung da, vor allem weil mein Mann etwas zurückgetreten ist. Dann war's immer die Frage, wie geht es weiter, was wird die nächste Generation anfangen können. Ich bin jetzt in einem Alter, da werde ich vielleicht noch zehn Jahre arbeiten. Und in diesem Rahmen habe ich mir angeschaut, wofür ich noch einmal brennen könnte. Es sind nicht so die kulinarischen Raffinessen, in denen sich viele meiner Kollegen wieder finden und nach denen sie suchen. Für mich muss das etwas Bodenständiges und Handfestes sein. Ich war sehr dankbar, dass die Stefanie mit einem Nachhaltigkeitskonzept gekommen ist, weil das genau das ist, wofür ich noch einmal zu brennen begonnen habe. Da kann ich ganz viel von meiner Erfahrung und der Erfahrung meiner Mutter und meiner Vorfahren einbringen, da spüre ich eine ganz starke Vision und Philosophie dahinter. Das macht mir wirklich Spaß und erfüllt mich total. Das heißt für mich, dass ich noch einmal ganz stark in die Küche einsteigen darf. Die Vorstellung, unsere Produktpalette, die schon stark geschrumpft ist, noch ein bisschen zu verkleinern, fasziniert mich und hat für mich einen Aspekt der Kunst. Da geht es auch immer um das Weglassen und sich auf noch weniger Dinge konzentrieren. Das ist unsere gemeinsame Vision und ich bin von diesem guten Weg überzeugt. Ganz philosophisch gesprochen hat man das Gefühl, mit jeder Handlung zum Aufbau der Welt beizutragen.

*Wie schaut denn so ein Menü der Nachhaltigkeit aus?*

Sissy: Im Genuss merkt man's überhaupt nicht. Nur wenn der Gast nachdenkt, wird er merken, dass wir zum Beispiel keinen Thunfisch mehr verarbeiten oder keine Garnelen. Es gibt ja eine Liste von Greenpeace, welche Fische man verarbeiten soll und welche nicht. Für mich macht's die Sache interessanter zu schauen, was nehmen wir aus der Adria und was aus Kärnten. Für 99 Prozent des Jahres reicht mir das dann schon. Ich brauche keine Jakobsmuscheln mehr und keinen Hummer, das haben wir zwar eh nie gehabt. Weil unser ganzes Herz dran hängt, wird's noch intensiver schmecken und noch mehr Genuss dabei sein, weil auch der Konsument bewusst oder unbewusst spürt, dass er das Allerbeste isst. Er bekommt nicht die Südfrüchte von irgendwo her und nicht die Erdbeeren und den Spargel, wenn's keinen gibt, sondern er kriegt das absolut saisonal und frisch und in optimaler Zubereitung. Besser kann man es nicht haben und das wird man schmecken, ohne irgendetwas zu vermissen.

Stefanie: Das ist ein permanenter Prozess, weil wir ja nicht sagen können, heute stellen wir um und morgen ist es passiert. Deshalb ist es mir wichtig, die Gäste laufend zu informieren, fundiert zu sagen, warum wir auf das verzichten und warum wir etwas weiter verwenden. Wir fangen an einem frei gewählten Eck an, arbeiten uns Schritt für Schritt vorwärts und halten die Gäste und die Mitarbeiter über die Fortschritte auf dem Laufenden.

*War das dann eine gegenseitige Inspiration?*

Sissy: Das ist eine hundertprozentige Inspiration und da halten wir uns aneinander und sind eine Bastion in der Firma. Noch ist es unsere Sache, weil sie so komplex ist, das können wir noch nicht mit allen teilen, das ist unser Kind. Es geht ja auch darum, dass sich die Stefanie zur Nachfolge bereit erklärt hat. In den nächsten zehn Jahren wollen wir den Übergang schaffen und deshalb ist ein Geschenk, dass wir diesen Zeitraum gemeinsam gestalten können und es uns beiden Spaß macht. Es könnte ja auch eine in diese und die andere in die entgegengesetzte

Richtung ziehen. Doch so haben wir einen gemeinsamen Nenner und eine gemeinsame Vision.

*Was fällt Ihnen zum Schluss noch zum Thema Inspiration ein?*

Sissy: Mir ist noch ein weiterer Spruch eingefallen – ich brauche ja immer viele Sprüche für meine Kochbücher, auch zum Signieren. Und einer meiner Lieblingssprüche ist dabei: „Die echte Kochkunst entsteht und lebt im Herzen, als ein Duft, eine Erinnerung, ein Gefühl." Das ist bei mir so. An die kulinarischen Genüsse seiner Kindheit kann man sich ja genau erinnern. Und dann gibt es oft Situationen, wo ich etwas esse, das dieses Gefühl wieder entstehen lässt. Zum einen ist Inspiration da und zum anderen die Bestätigung, mmmhhh, das gehört in die Kiste der hundertprozentig kulinarischen Erlebnisse hinein.

Stefanie: Ich habe immer die Vorstellung gehabt, in meinem Leben etwas zu schaffen, kreativ zu sein. Ganz lange war ich der Meinung, dass das wie bei einem Künstler sein wird. Der macht eine Sache relativ kurzfristig und dann steht das schon fertig da. Jetzt bin ich draufgekommen, dass solche Sachen nie kurzfristig entstehen und eben Disziplin brauchen, um langfristig dabei zu bleiben.

 *Zeit zur Reflexion*

Bei welcher Tätigkeit bin ich ganz präsent?

Wie steht es mit meiner Disziplin: Kann ich beim Wesentlichen bleiben?

Bin ich eher ein Reißbrettkoch oder koche ich aus dem Bauch heraus?

Welche Philosophie liegt meinem Leben zugrunde?

Wenn ich einmal schwer bin, wie bekomme ich dann wieder Leichtigkeit?

Wofür könnte ich noch einmal brennen?

Was gibt mir das Gefühl, mit jeder Handlung zum Aufbau der Welt beizutragen?

# „Kreativität ohne Inspiration verhungert"

*Dipl. Ing. Hanno Kautz, Künstler*

©Gerhard Maurer

Hanno Kautz bezeichnet sich als Künstler mit Architekturbackground, der in den Grenzbereichen zwischen Architektur, Kunst und Design arbeitet. Seine Werke lernte ich in der „Langen Nacht der Museen" an einem ungewöhnlichen, doch sehr inspirierenden Ort kennen. Der Weinhändler Helmut Sussitz in Klagenfurt stellte dafür nicht nur seine Verkaufs- und Lagerräume zur Verfügung, sondern räumte gleich das ganze Büro aus, wodurch eine veritable Galerie entstand. Besonders faszinierten mich die Lichtobjekte von Hanno Kautz, die für mich unmittelbar mit dem Thema Inspiration zu tun haben. Noch am gleichen Abend vereinbarte ich mit dem Künstler einen Interviewtermin. Als eines der wenigen entstand dieses drei Wochen später in meiner Agentur. Hanno Kautz gibt darin Einblicke in kreative Prozesse, die auch für die Arbeit und das Leben von Menschen, die nicht künstlerisch tätig sind, von Interesse sind. Den größten Spaß bereitet dem Multitalent übrigens die Malerei: „Da bin ich am meisten frei, am wenigsten von äußeren Faktoren eingeschränkt. Wenn ich will, dass im Bild die Sonne scheint, dann scheint sie kurz darauf. Das Licht fließt immer ein, es zieht mich einfach an. Auch in meiner Malerei geht es um Licht, denn ohne Licht würde man das Gemalte gar nicht sehen."

*Wenn Sie den Begriff Inspiration hören, woran denken Sie da als erstes?*

Inspiration ist für mich ein Impuls von außen, der Dinge, die in mir bereits abgespeichert sind, in Bewegung bringt, neu mischt und bewirkt, dass neue Gedanken entstehen. Wenn ich etwas sehe, höre, etwas rieche oder erlebe, macht es auf einmal Klick und die im Unbewussten schlummernden Ideen werden geweckt. Dann tut sich ein neuer Lösungsansatz auf, den es ohne die Inspiration nicht gegeben hätte. Es ist oft wie das Missing Link, eine Brücke, die zu neuen Ufern führt. Inspiration wirbelt Denkmuster auf und daraus ergibt sich ein neues Ganzes.

*Können Sie da auf einen Mechanismus vertrauen oder ist Inspiration etwas, das Ihnen im Moment zufällt?*

Man kann sich schon Situationen aussetzen, wo man sich erhofft, dass sich bei gewissen Fragestellungen Inspirationen ergeben. Das kann sein, wenn ich nach einer Form suche ... (das Handy klingelt und wird abgehoben)... dann gehe ich in die Natur und schaue, wie das die Natur macht. Was kann ich mir da für das Projekt, an dem ich arbeite, mitnehmen? Wenn ich Inspiration in der Malerei brauche, höre ich zum Beispiel Musik oder schaue einen Film an. Ich setze mich Stimmungen aus. Da kann ich zwar formal nichts 1:1 mitnehmen, aber ich komme in einen Bewusstseinszustand, in dem ich für Inspirationen empfänglich bin, die mich im aktuellen Tun weiterbringen. Man kann die Stimmung einer Musik visuell darstellen, das kann inspirieren.

*Welche Musik ist das?*

Bei einer Bilderserie habe ich intensiv Musik eines der ersten „Minimal-Musiker", La Monte Young, gehört. Sein Werk, The Well-Tuned Piano in the Magenta Lights, baut nur auf Oktaven, reinen Quinten und Naturseptimen auf. In London wurde dafür ein Flügel in einem riesengroßen Raum aufgestellt, in dem magentafarbenes Licht brannte. Zu dieser Musik habe ich Bilder gemalt. Ich habe die Atmosphäre der Klangräume in zweidimensionale Farbräume übersetzt. Bei einer Ausstellung hat dann eine Frau gesagt, sie sieht eindeutig, dass das eine Partitur ist. Das hat mich sehr gefreut, dass die Betrachterin einen Bezug zu den Ausgangspunkten erkennen konnte.

Dann gibt es Musik, die ich nicht versuche visuell umzusetzen. Sie ist einfach beim Arbeiten da und beeinflusst meine Stimmung. Sie ist nicht die direkte Inspirationsquelle, die mich zu diesem oder jenen Werk inspiriert, sondern atmosphärisch unterstützend, so wie man sich einen Kaffee neben den Arbeitsplatz hinstellt. Ich versuche mein Arbeitsumfeld immer angenehm herzurichten und dazu gehören gewisse Rituale, die ich brauche, um kreativ arbeiten zu können.

*Können Sie diese Rituale beschreiben?*

Das sind ganz banale Dinge wie Musik einschalten, die richtige Beleuchtung, vielleicht etwas zum Knabbern, die Arbeitsutensilien in einer gewissen Reihenfolge vorbereiten, damit sie griffbereit sind, wenn ich sie brauche, meine Arbeitsfläche und mein Umfeld so präparieren, dass es im kreativen Arbeitsprozess möglichst wenige störende Faktoren gibt.

*Und wissen das auch Ihre Kinder?*

Meine Kinder sind sehr oft eine rege sprudelnde Inspirationsquelle und bringen mich auf spannende Ideen. Die Kinder neigen in ihrer erfrischenden, spontanen Art aber dazu, eher kreatives Chaos zu erzeugen als mein Arbeitsumfeld zu stabilisieren. Was die konkrete Ausformulierung meiner Gedanken im Atelier betrifft, die funktioniert nur, wenn die Kinder schlafen, das Handy ausgeschaltet ist und Ruhe herrscht.

Meine Malerei ist stark emotional assoziativ, da brauche ich absolute Ruhe. Meine dreidimensionalen Projekte sind eher rational analytisch, da sind Unterbrechungen, wenn die Kinder Aufmerksamkeit einfordern, nicht so schlimm.

*Wie war Ihr Weg zur Kunst?*

Ich habe Architektur an der TU Wien studiert und mich schon während des Studiums viel mit Kunst und Malerei beschäftigt. Wenn es die Einnahmen der Bildverkäufe erlaubten, habe ich Installationen gemacht und bin dabei auf das Thema Licht gestoßen. In meiner Diplomarbeit habe ich das Thema Licht in Kunst und Architektur behandelt und jetzt mache ich hauptsächlich Projekte im Grenzbereich zwischen Architektur, bildender Kunst und Design. Das Licht spielt dabei immer öfter eine entscheidende Rolle. Lösungen aus den Bereichen, mit denen man sich intensiv beschäftigt hat, liegen halt näher als Dinge, die weit weg sind.

*War da Inspiration im Spiel, als Sie das Thema Licht für sich entdeckten?*

Ein entscheidender Moment war, als ich mir eine Ausstellung von James Turrell im Museum für Angewandte Kunst in Wien angeschaut habe. In dieser Ausstellung, die ich dreimal besucht habe, hat Turrell Lichträume gebaut, die mich stark faszinierten. Das war für mich der Anstoß, mich mit dem Thema Licht intensiv auseinander zu setzen. Es war ein Impuls von außen, der meine Gedanken angeregt und meine Tätigkeiten sicher wesentlich beeinflusst hat, obwohl ich noch in keinem Werk mit den gleichen Mitteln wie Turrell gearbeitet habe. Trotzdem hat die Kenntnis seiner Werke einen Einfluss auf meine

Arbeit. Turrell sehe ich als Inspiration, weil seine Installationen Anstoß waren, meine eigenen Ansätze zu finden. Wenn ich ihn kopieren oder ähnlich arbeiten würde wie er, wäre das keine Inspiration sondern ein Vorbild.

*Wie hat sich das dann entwickelt?*

Ich begann Lichtobjekte zu bauen, und habe mit unterschiedlichsten Materialien experimentiert und analysiert, welche spezifische Eigenschaften sie bezüglich des Lichts aufweisen. Zuerst waren das kleinere Objekte und dann unter der Paternioner Brücke in Klagenfurt die erste öffentliche permanente Installation. Ich wollte meine Diplomarbeit keinem klassischen Architekturthema widmen, sondern habe mich dann ausgehend von der Arbeit unter der Paternionerbrücke dem Thema Licht von vielen Gesichtspunkten aus genähert. Unter der Brücke setzte ich Licht als Gestaltungsmittel ein, um diesem speziellen Raum Erlebnisqualitäten zu geben und den Raumeindruck zu verändern. Ich wollte gewohnte Wahrnehmungsmuster in Frage stellen und verborgene Qualitäten des Ortes freilegen. Inspiration für diese Installation war wieder die Natur. Ich beobachtete, wie das Sonnenlicht an der bewegten Wasseroberfläche reflektiert wird und sich die Lichtstrahlen an den Brückenoberflächen abbilden. Ich habe versucht, das natürliche Phänomen der optischen Kaustik künstlich nachzubauen und in einer Installation umzusetzen. Die Faszination des Lichts liegt im Immateriellen, man kann mit wenig Einsatz viel Wirkung erzielen.

*Beobachtung ist also ein wichtiger Teil des kreativen Prozesses. Was spielt sich dabei noch ab?*

Wenn ich mich einer Aufgabe stelle, probiere ich immer analytisch heranzugehen, dazu kommt dann die emotionale Ebene. Es entsteht so etwas wie ein Dialog zwischen Kopf und Bauch. Ich schaue nach, was sind die Umstände, die die Situation ausmachen, was sind die speziellen Gegebenheiten. Aus diesem Umfeld versuche ich einen Anfangspunkt zu finden. Im Architekturstudium habe ich gelernt, projektbezogen zu arbeiten und zu schauen, was in der Situation angebracht ist. Von der Natur kann man immer viel lernen… Es gibt Künstler wie Olafur Eliasson, der ausschließlich mit Naturphänomenen und Licht arbeitet. Ich schau mir immer die Ausgangssituation genau an und versuche dann zu einer Lösung zu kommen. Ich überlege, was könnte mich inspirieren, es ist ja ganz selten so, dass ich beim ersten Lokalaugenschein hinkomme und schon eine konkrete Idee habe. Ideen kommen erst im Arbeitsprozess und Schritte, die nicht zum Ergebnis führen, sind notwendig, damit ich über Umwege zu dem Ergebnis komme, das ich dann als die beste Lösung erachte.

Irgendwo muss ich starten, das kostet meistens Überwindung. Es ist notwendig, irgendwo anzufangen, um entwerfen, wegwerfen, verwerfen, wieder aufgreifen zu können. Ich mache ein Brainstorming, frage mich, was heißt das jetzt, was assoziiere ich damit, gibt's ähnliche Ausgangssituationen, wie sind andere damit umgegangen? Ideen entstehen größtenteils im Arbeitsprozess. Man kommt zu gewissen Schritten erst, wenn man die vorhergehenden schon gemacht hat.

*Gibt es Zeiten, wo sie absolut nicht wollen und können? Wenn ja, was tun sie dann?*

Dann lege ich die Dinge weg und lasse sie ruhen. Oft reicht es schon, wenn man darüber schläft, wie man so schön sagt, und dann lösen sich Blockaden wieder. Und es geht weiter in Richtungen, die ich vorher nie hätte erdenken können oder es gehen Türen auf, die ich Stunden oder Tage zuvor nicht gesehen habe, wo sich nichts bewegt hat.

*Entspringt das immer nur aus Ihnen selbst?*

Aus sich selbst heraus kann man schwer etwas schaffen. Das geht eine Zeit lang, aber irgendwann braucht es Impulse von außen. Es ist so, dass man im Laufe des Lebens viele Eindrücke und Wissen ansammelt und man auf dem aufbaut, wenn man etwas Neues entwickeln will. Oft werden Dinge, die man einmal gehört und gesehen hat, anders kombiniert und schon entsteht wieder völlig Neues. Viele Dinge sind schon da, aber noch nicht ausgereizt, die kann man noch variieren, ohne dass es uninteressant wird.

*Ziehen Sie eine Grenzlinie zwischen Inspiration und Kreativität?*

Die Inspiration trifft nur den Kreativen. Wenn es nicht die Stärke von jemandem ist kreativ zu arbeiten, dann wird er die Inspiration nicht wahrnehmen. Kreativität ohne Inspiration verhungert, sie ist nur sehr begrenzt möglich.

*Wenn Sie sagen, es trifft nur den Kreativen – ist Inspiration dann eine sehr exklusive Geschichte?*

Ich glaube, dass fast alle Menschen von Geburt an kreativ sind, aber dieses Potential geht durch äußere Umstände über die Zeit verloren. Kreativität ist nichts Elitäres, das sich auf Kunst und Kultur beschränkt. Auch in ganz banalen Dingen des Alltags ist oft Kreativität gefragt, um Herausforderungen bewältigen zu können.

*Sie arbeiten viel mit Lehrlingen. Wie gehen Sie da heran, wie wecken Sie das kreative Potential?*

Ich versuche die Kreativität bei Kinder- und Lehrlings-Workshops zu stimulieren, indem ich Dinge erzähle, von denen ich glaube, dass sie die WorkshopteilnehmerInnnen inspirieren und sie dazu anregen, schöpferisch tätig zu sein. Bei einem Lehrlingsworkshop hatten wir das KZ am Loiblpaß zum Thema. Da ist es darum gegangen, dass wir für die Gedenkfeier am Loiblpaß eine Skulptur entwickeln. Ich habe den Lehrlingen Bildern von Denk- und Mahnmälern in anderen Kontexten gezeigt und versucht mit ihnen herauszuarbeiten, was die Qualität von diesen Mahnmalen oder der Aktion ausmacht. Anhand von Fotos wurde auch klar, welche Reaktionen unterschiedliche Materialien auslösen können oder wie Formen und Gegenstände in unterschiedlichen Raumlagen den optischen Eindruck verändern. Als Ergebnis des Workshops ist dann ein liegendes Rufzeichen aus Stahl entstanden. In den längeren Teil des Rufzeichens konnte man hinein schauen. Am Ende des Rufzeichens war ein zerbrochener Spiegel. Quer durch diesen rechteckigen Tunnel waren drei Stacheldrähte gespannt. Das eigene Spiegelbild ist mit dem zerbrochenen Spiegel, dem Stacheldraht und dem Eingangsportal des Tunnels verschmolzen. Der kürzere Teil des Rufzeichens war als Würfel ausgebildet, in den man durch einen Sehschlitz hineinschauen konnte. Da stand „bon vojage". In dem KZ waren auch viele Franzosen inhaftiert. Im Würfel war ein Stroboskop eingebaut, wodurch der Schriftzug blitzartig aufgeleuchtet hat, ein backflash gewissermaßen. Die Idee ist dabei aber nicht von mir gekommen, sondern in Arbeitsgruppen der Lehrlinge entstanden. Ich habe nur leitend eingegriffen, damit das Objekt nicht von zu vielen Ideen überfrachtet wird.

*Wie geht's denn Ihnen mit der Fülle der Ideen? Wie löst man sich davon, um wieder zum Kernpunkt zu kommen?*

Mir ist schon ein paar Mal bei Gestaltungswettbewerben passiert, dass ich viel zu viele Ideen in mein Projekt hineingepackt habe. Die Preisträger haben oft nur einen Aspekt, der auch Teil meines Projekts war, thematisiert. Nun versuche ich in dieser Hinsicht Disziplin zu üben und mich auf wesentliche Ideen zu beschränken.

*Was passiert mit den Ideen, die dabei abfallen?*

Die Ideen bleiben natürlich irgendwo liegen. Es ist schon vorgekommen, dass verworfene Ideen von einem Projekt in einer anderen Situation dann viel besser gepasst haben, wieder aufgegriffen wurden und zum Hauptthema geworden sind.

*Wenn Sie an ein besonders inspiriertes Projekt in der Zukunft denken und sich alle Wünsche erfüllen könnten, was würden Sie dann gerne verwirklichen?*

Ich würde gerne ein Bühnenbild gestalten, das wäre eine spannende Herausforderung. Da könnte ich auf meine architektonischen Wurzeln zurückgreifen und meine Erfahrungen mit Licht einbringen. Im Bühnenraum geht es ja nicht primär um die Erfüllung funktionaler Anforderungen, sondern darum, Inhalte zu transportieren.

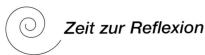

## Zeit zur Reflexion

Wie lasse ich mich durch die Natur inspirieren?

Welcher entscheidende Moment hat mein Leben nachhaltig beeinflusst?

Drücke ich eher meinen Stil durch, oder achte ich privat und im Berufsleben darauf, was in der jeweiligen Situation angebracht ist?

In welchen Dingen des Alltags ist meine Kreativität gefragt?

Wodurch inspiriere ich Kinder und Jugendliche?

Wie schütze ich mich vor zu vielen Ideen?

„Wir forschen nicht, wir lassen die Inspiration zu"

Josef Zotter, Chocolatier

©H. Lehmann

Es ist noch gar nicht so lange her, da wurde Josef Zotter für seine wagemutigen Schokoladekreationen im besten Fall belächelt. Heute besuchen über 150.000 Menschen jährlich das Schokoladentheater im steirischen Riegersburg, um zu sehen, wie ihre Lieblingsnascherei handgeschöpft, gefüllt und verpackt wird. 17 Millionen Euro hat der Chocolatier investiert. „Ich kann das aus der Kassa zahlen und brauche keine Bank. Das ist echter Luxus. Aber für diese Freiheit habe ich hart gearbeitet", sagt Josef Zotter. Das Geheimnis seines Erfolges: Sich selbst treu zu bleiben, komme was da wolle, und gleichzeitig auch Abstand nehmen zu können. „Man soll sich selber nicht so wichtig nehmen. Wenn du das einmal erkannt hast, relativiert sich vieles." Inspiration gehört dabei ganz einfach zum täglichen Leben: „Wir wollen Glück und Freude vermitteln, das ist unser Unternehmen."

*Wenn Sie Inspiration hören, was ist Ihre erste Assoziation dazu?*

Für mich ist Inspiration mein tägliches Leben, ich lasse mich ja ständig von Inspiration leiten. Wenn man unser Sortiment anschaut, dann machen wir nichts Gewöhnliches, sondern immer etwas Außergewöhnliches. Wenn man eine Idee hat und von einer Idee begeistert ist, dann schlägt sich das im Sortiment nieder. Es ist unser tägliches Brot, ohne das wir nicht leben könnten.

*„Unser" tägliches Brot, sie nehmen da auch die Mitarbeiter hinein?*

Unser Unternehmen ist auf mich fokussiert. Alles was die Öffentlichkeit kennt, ist offensichtlich um meine Person gesponnen. Wer genauer analysiert, weiß, dass das nicht nur ich sein kann. Es braucht einen Kopf, das ist ganz klar, das liegt bei mir. Letztlich setzen das meine Mitarbeiter und ich um. Es erscheint mir auch enorm wichtig, dass man nicht sagt, Inspiration macht man mit einem Stab von Leuten oder einer kleinen Gruppe, man geht in Klausur und versucht Ideen zu finden. Ich mache genau das Gegenteil. Ich versuche mich eher zurückzuziehen. Nicht, weil die anderen so schlecht sind oder keine tollen Ideen haben, sondern weil es mir im Unternehmen darum geht, dass das einen Geist und eine Seele hat. Das kriegt man nur, wenn das von einem Geist ausgeht, sonst sind es mehrere Geister und mehrere Geister sind nicht zuordenbar. Ich glaube, der Erfolg unseres Unternehmens kommt sehr stark daher, dass der Konsument letzten Endes spürt, da steht jemand dahinter, der das leitet und lebt. Das hat ja nicht nur schöne Seiten und Schokolade ja schon gar nicht, sondern das ist ein knallharter Job mit knallharten Überlegungen. Gott sei Dank kann man sich Inspirationen und Ideen nicht kaufen, deshalb ist die Wirtschaft – wie das ganze Leben – immer in Bewegung. Manchmal geht es besser und manchmal nicht und es ist alles im Fluss. Man muss es aber zulassen. Deswegen bezweifle ich, dass Inspiration aus mehreren Leuten entsteht. Es ist wie ein Samenkorn, etwas ganz Kleines, das zu wachsen beginnt, gepflegt wird und irgendwann wieder vergeht.

*Gute Ideen zu haben und sie zu fassen ist das eine. Das andere ist: Wie kriegt man sie auf den Boden?*

Ich glaube das ist alles eines. Wenn man Ideen zulässt, dann ist man schon dabei, Dinge auf den Boden zu bringen. Da ist man begeistert und will es umsetzen und dann muss man es auch umsetzen, ohne Wenn und Aber, ob es ein Erfolg wird oder nicht. Das ist aus meiner Sicht auch etwas, was viele Menschen heute falsch machen. Wenn sie eine Idee haben, beginnen sie sofort zu rechnen. Eine Idee kann man nicht rechnen. Das ist passiert, weil man begeistert ist. Dann macht man es, man scheitert oder es wird sensationell. Immer ist es eine Mischung aus Niederlagen und Siegen. Das kann man nicht beeinflussen, man lässt es am besten fließen. Aber zuschlagen muss man schon.

*Was bedeutet zuschlagen?*

Kreative Leute neigen ja zu gewissen Suchtmitteln, egal ob es Alkohol ist ... (Einwurf: oder Schokolade) ...das ist ja eh noch das Legalere, um eben Dinge wegzuschalten und sich leichter zu tun. Das muss nicht sein. Eine positive Einstellung ist das A und O. Das, was man macht, gerne machen und man selber sein. Es ist so einfach. Ich habe zum Beispiel mein ganzes Leben nie etwas kopiert. Ich bin viel in der Welt herumgefahren, ich schaue in jede Chocolaterie, ich kenne alle Top-Chocolatiers der Welt, weil es mein Thema ist. Aber ich habe dann immer gesagt: Das habe ich jetzt gesehen, taugt mir total, aber für mich ist das jetzt gegessen, brauche ich nicht mehr machen, ist schon da. Mir ist es lieber, ich bringe Dinge, die noch nicht in dieser Form da waren. Da muss man auch irgendwie Quereinsteiger sein. Man sollte am besten gar keinen Beruf lernen.

*Haben Sie auch keinen Beruf gelernt?*

Ich habe ein paar gelernt, aber ich mache jetzt ganz etwas anderes als ich gelernt habe. Nicht das Thema Ausbildung ist wichtig, sondern die Bildung. Ausbildung bedeutet für mich immer: Jetzt habe ich das, jetzt bin ich reif für den Beruf und jetzt kann ich das. Ich bin 100prozentig der Meinung, mit einer Ausbildung kann man noch gar nichts. Gut, es ist die Basis. Ich muss als Chocolatier wissen, wie die Kakaobohne ausschaut oder bei welcher Temperatur Schokolade schmilzt, das ist Grundwissen. Aber was ich daraus mache und welche Wege ich gehe, das ist etwas, wo wir forschen und schauen müssen wie es weiter geht.

*Ist das nicht ein sehr aufwändiger Weg, alles aus sich heraus zu erfinden und zu forschen?*

Nein, überhaupt nicht. Wir forschen nicht, wir lassen die Inspiration zu. Damit brauche ich nicht forschen. Ich bin nicht auf der Suche nach etwas, für mich ist Forschung viel zu aufwändig. Ich forsche insofern immer, was geht und was nicht, was könnte funktionieren und was nicht. Ich bin einer, der die Zufälle zulässt. Durch Zufälle und durch Fehler passieren Dinge. Wenn wir augenscheinlich Fehler machen, da komme ich drauf: Hoppala, das verhält sich ja ganz anders. Das war jetzt zwar ein Fehler, aber das war gar nicht so ungut. Dann fängt man halt an darüber nachzudenken und das ist dann schon wieder die Idee.

*Das heißt, Sie haben in Ihrem Unternehmen auch eine spezielle Fehlerkultur?*

Das kann man so sagen. Es gibt Fehler, die sollte man nicht oft machen, wie zum Beispiel einen Wagen, der mit Ware voll beladen ist, so schlecht hinstellen, dass er umkippt. Aber wenn es darum geht, eine Schokolademasse zu rühren und es fällt statt Chili zum Beispiel Pfeffer hinein, dann ist das auch ein Fehler. Vielleicht kommt eine neue Geschmacksrichtung heraus, mit der man gar nicht rechnet. Und man kommt drauf, so blöd ist das gar nicht. Ich wollte das zwar nicht da haben, aber es ist auch eine Möglichkeit. Und damit hat man es schon wieder.

*Kann man sich das dann so vorstellen, sie stehen vor dem Topf und schmeißen alles zusammen und schauen dann was herauskommt? Oder ist das doch ein bisschen diffiziler?*

Nein, das tue ich eigentlich nie. Ich bringe im Jahr cirka 40 neue Schokoladesorten heraus. Das darf man sich nicht so vorstellen, jetzt probiere ich einfach und schmeiße alles zusammen. Von den 40 Sorten waren heuer vielleicht zwei Fehlgeburten am Markt. Aber sonst sind das alles Kopfgeburten. Ich probiere nie ein Rezept vorher. Normalerweise wird in der Industrie ein Rezept gemacht, dann wird es ausprobiert, zuerst in der Familie und dann in den nächsten Kreisen und dann machen wir eine Marktabtestung und dann schauen wir, was die Konsumenten von morgen sagen. Das mag ich überhaupt nicht. Wenn ich eine Idee hab – die steht dann in dem Ideenbüchl ... (holt es). Ich fange immer von hinten zum Schreiben an, sicherheitshalber, falls jemand in meinen Aufzeichnungen stöbert. Da habe ich gerade erst begonnen und da steht: Büffelmilch, Kamelmilch, zuckerfreie Schokolade, Rotweinpulver, Weihrauch, Myhrre... Das vom Vorjahr schaut anders aus: Da spielt es sich schon ab, da sind Hunderte Ideen drin. Daraus entsteht das neue Sortiment, auch Fehler, alles. Aus dieser Idee mache ich dann eine Rezeptur und ich mache nie 100 Stück sondern gleich 1000, weil wir sowieso immer diese Stückzahl machen. Wenn ich überzeugt bin, dass das gut ist, dann kommt es ins Sortiment. Der erste Versuch einer neuen Schokolade ist immer dann, wenn alles gedruckt und alles fertig ist. Ich bin schon drauf gekommen, dass es keinen Sinn hat lange herumzudoktern. Da musst du es machen und dann musst du diese Idee durchsetzen. Du hast nicht drei Monate Zeit auf eine noch bessere zu warten. Mir erscheint das wichtig, denn was in drei Monaten die bessere Idee ist, ist dann schon wieder eine neue. Ich mache auch nichts für meine Kunden, verstehen Sie, ich mache es immer nur für mich. Bei jeder Rezeptur, die ich mache, denke ich nie, mein Gott, könnte das den Leuten schmecken und könnte und könnte ... mir muss es passen. Dafür habe ich jetzt 20 Jahre gearbeitet. 15 Jahre waren wir erfolglos damit und seit fünf Jahren haben wir Erfolg. Immer mit der gleichen Herangehensweise, aber 15 Jahre hat man mich wahrscheinlich nicht so verstanden. Als ich die ersten Käseschokoladen und verrückte Kombinationen erfand, haben die Leute gesagt, der hat einen Knall. Und jetzt kann ich machen was ich will und die Leute sagen: Wenn es der Zotter macht, wird es schon gut sein. Wenn man sich einmal ein Image geschaffen hat, dann braucht man nicht mehr kämpfen.

*Wo war da dieser Knackpunkt zum Erfolg, was ist da passiert?*

In dem Moment, wo wir kopiert worden sind, sind wir erfolgreich geworden. Das war offensichtlich ein Zeichen, dass man meine Ideen ernst genommen hat. Und in diesem Moment, wo wir wirklich an allen Ecken und Enden kopiert worden sind, hat sich der Zug in Fahrt gesetzt.

Damit war für die Konsumenten klar, wo die Idee herkommt. Das wissen viele Leute. Unser Stil ist unverkennbar, weil wir an dem intensiv gearbeitet haben, und wir sind uns immer getreu geblieben. Das klingt jetzt blöd, aber schau nie über den Tellerrand. Der Tellerrand ist für mich eine Grenze, das bin ich. Ich rühre in meinem Teller und schaue, dass ich das gut mache. Aber ich brauche nicht über den Tellerrand schauen, was der andere macht und Konkurrenzbeobachtung und ich weiß gar nicht, was es alles gibt in dieser verrückten Branche. Ich kann nur ich sein, ich kann nur so denken, wie ein österreichisches Unternehmen denkt. Ich brauche auch keine japanische Schokolade, das wird es nie geben. Zotter wird in Japan nie funktionieren. Wenn es funktioniert, dann wahrscheinlich genau deshalb, weil wir authentisch geblieben sind und nicht weil irgendeine Marketinggeschichte daher kommt, mit der man zwanghaft international sein muss.

*So ganz ohne Marketing scheint es ja nicht zu gehen. Auch das Schokoladentheater ist ja durchaus eine Marketingstrategie.*

Es wird ja oft behauptet, Zotter hat ein gutes Marketing. Ich muss Ihnen sagen, ich habe vor 15 Jahren noch gar nicht gewusst, was Marketing ist. Jetzt weiß ich es zwar, aber Marketing ist etwas ganz Altes. Ich würde eher sagen, authentisch bleiben, Authentizität leben. Wenn das Marketing ist, dann lasse ich es gerne zu. Das Wichtigste ist der Kern. Der Mensch ist ja super konzipiert, jeder ist eigenständig. Selbst in der Familie mit sechs Geschwistern denkt jeder anders, das ist ja sensationell, dass das funktioniert. Warum lassen wir das nicht zu, warum haben die Menschen immer so ein Gleichmachedenken? Wenn man sich wirklich erfolgreiche Unternehmen oder Künstler anschaut, dann sind es die, die immer das geblieben sind, was sie sind und die sich für das, was sie tun, begeistert haben.

*Wie hat man so unerschöpfliche Inspiration, wie füttern Sie das?*

Das braucht man nicht füttern, wenn man das so gerne macht. Manche Leute sagen, so ein Wahnsinn, du musst so viel Arbeiten und hast für alles die Verantwortung. Es macht mir einfach Spaß und ich bin nicht arm, weil ich 15 Stunden da bin oder 10 oder 8 Stunden, sondern mir taugt das total. Ich will nicht Golf spielen, das ist für mich nicht das Thema. Mich interessiert mein Betrieb, wie er funktioniert, mich interessieren die Menschen, wenn ich da hinunter gehe und das habe ich gut durchdacht. Ich sehe sie ja überall, ich sehe, wie sie gustieren und wie sie sich freuen, wie sie eine Gaude haben in einer Schokoladefabrik zu sein. Plötzlich stehen sie vor Tanks, wo 60 Tonnen Schokolade liegen und die Schokolade fließt und sie kriegen solche Augen. Das gefällt mir einfach, es ist auch ein bisschen Glück bereiten. Dann kommt noch etwas dazu. Abgesehen davon, dass wir nur mit biologischen Produkten arbeiten und fairen Handel betreiben, engagieren wir uns auch im Sozialbereich sehr stark. Ich freue mich wirklich diebisch – und da brauche ich kein Pfarrer sein und den Leuten einreden, dass sie etwas spenden sollen – ich sammle jeden Tag ein, ohne dass es irgendwer merkt, indem ich, glaube ich, ein gutes Produkt mache, das ein bisserl mehr kostet und wofür die Leute tiefer in die Tasche greifen müssen. Davon liefern wir – und da will ich keinen Schmäh auftischen – auch definitiv etwas ab. So wie die Nicaraguaner, die jetzt da waren. Das war schon etwas Besonderes, dass ich zehn Leute aus dem Urwald herausgebracht habe, die drei Wochen bei uns waren, unsere Kultur kennen gelernt haben und auch wieder gerne heimgefahren sind. Die haben im Betrieb mitgearbeitet und gesehen, na bravo, jetzt wissen wir erst, wie gut es uns geht. Dieses tägliche Müssen kennen Sie überhaupt nicht. Wir müssen unsere Kunden bedienen und müssen schauen, dass wir das abarbeiten. Wenn die Kakaobauern sagen, heute geht's nicht so toll, dann geht's vielleicht morgen, und wenn's morgen auch nicht so toll ist, dann geht's vielleicht übermorgen oder gar nicht. Das ist ihre Einstellung und die ist gar nicht so schlecht. Den Menschen geht es gut dabei, weil sie das einfach leben – was ihnen oft gar nicht bewusst ist. Wir können heute mit unserem Produkt Kakao etwas liefern und bringen mit ein paar Hunderttausend Euro wirklich eine bessere Infrastruktur. Das ist ein Antrieb und lässig, dass ich das tun darf. Ich könnte es auch spenden, aber ich fahre selber hin, ich leiste mir das, das ist mein Leben und ich entscheide das selbst.

*Zurück zum Schokoladentheater, in das sie viel investiert haben. Wie treffen Sie so eine Entscheidung?*

Als ich mit der Schokoladeproduktion hier begonnen habe, wusste ich gar nicht, dass das die Leute so interessiert. Wir haben in einem Stallgebäude angefangen und innerhalb kürzester Zeit sind Leute gekommen und wollten alle irgendwie teilhaben. Es war keine Idee, sondern eine Notwendigkeit, weil so viele Leute im Hof herumgelaufen sind und alle Schokolade kaufen wollten.

Das wollte ich gar nicht, weil ich gedacht habe, hier kommt eh keiner her.

*Ist das Ihre Heimat?*

Ja, das ist meine Heimat. Und dann haben wir vor fünf Jahren die erste „running choclate" gemacht und das war äußerst erfolgreich, weil wir den Betrieb so gezeigt haben wie er ist. Meine Vision war, dass wir das authentisch zeigen. Es ist nichts inszeniert, bis auf die Tatsache, dass das Publikum von der eigentlichen Produktion durch eine gläserne Wand getrennt ist. Das war lebensmitteltechnisch und bautechnisch notwendig. Aber es gibt keine Stelle, die irgendwie aufgelegt ist. Es ist so, wie es ist. Dem Architekten habe ich gesagt, wir müssen im Betrieb ordentlich und gut arbeiten können, meine Mitarbeiter sollen zufrieden sein und es muss gut funktionieren. Der Zuschauer wird integriert und er muss das Gefühl haben, gerne da zu sein und meine Mitarbeiter müssen das Gefühl haben, es ist gut, dass Leute herkommen, auch als eine Motivation für meine Mitarbeiter. Wenn sie beobachtet werden, sind sie ja im Prinzip Schausteller, doch sie sind immer sauber beinander, lächeln und haben eine Freude, weil sie wissen, der Kunde hat heute frei. Wir wollen Glück und Freude vermitteln, das ist unser Unternehmen. Ich schaue jeden Tag hinunter und sehe jeden Tag fokussiert etwas anderes, weil ich das ja alles kenne. Deshalb setzen wir Vorhänge ein. Weil ständig etwas auf- und zugeht wird ein Aha-Erlebnis geschaffen. Den Schokobrunnen sieht man erst, wenn man um die Ecke kommt. Da merkt man, wie den Leuten der Mundwinkel hoch geht, weil's eine Überraschung ist. Oder wenn Sie die Schokoseilbahn entdecken: Es erwartet keiner, dass da die

Trinkschokolade herumfährt. Man muss es auf den Punkt bringen. Theater lebt davon, weil es eine Bühne gibt, ein Kastl, in dem es sich abspielt. Deswegen Theater – diese Stationen, diese Überraschungen zu schaffen.

*Weil sie das öfters angesprochen haben: Sind Kunst und Theater für Sie Inspirationsquellen?*

Ja absolut. Wenn man nicht kunstsinnig ist, kann man nicht vom Offensein für Inspiration reden. Wenn man das nicht zulässt… und das ist ja der Punkt: Ich gehe nicht ins Theater und in die Oper weil ich sage, ich weiß alles und bin total belesen. Dann gehe ich kritisch hinaus und sage vielleicht, vor drei Inszenierungen war das qualitativ besser. Ich bin ein Kunstkonsument, der sich einfach an schönen Dingen freut. Wenn eine Oper gut gelingt, weil du das Gefühl hast, das ist harmonisch, dann hast du einen super Abend gehabt ohne jetzt zu analysieren. Was ich nicht mag ist, wenn es verstaubt wirkt, denn das sind ja alles Menschen, die jetzt leben. Da werde ich dann kritisch. Ich akzeptier das aber auch. Ich muss ja nicht hingehen oder zumindest kein zweites Mal. Die Kunst selbst ist die absolute Inspirationsquelle. Wenn Sie sich bei uns umschauen, sie ist hier überall gegenwärtig, sie ist total notwendig. Die Kunst bringt genau das rüber – die Spontaneität, das Außergewöhnliche, diese Grenzüberschreitung. Wenn sie nicht diesen Anspruch hätte, würde Kunst auch keine Berechtigung haben. Die guten Künstler suchen immer neue Wege. Wenn ich mir heute den Erwin Wurm anschaue, der diese überdimensionalen Plastikautos macht oder im Museumsquartier dieses Haus hinaufpickt – sensationell! Die Idee musst du erst haben. Natürlich kann jeder ein Haus irgendwo raufpicken, aber er hat die Idee gehabt und auch durchgezogen. Das macht ihn außergewöhnlich und kommt jetzt erst heraus, obwohl er das schon seit 30 Jahren macht. Jetzt wird er international hoch gelobt. Wenn man den Anspruch hat was Neues zu schaffen, dann muss man grenzüberschreitend denken, sonst geht es ja nicht. Es gibt ja kaum etwas, was noch nicht erfunden wurde.

*Was hat Sie zur Schokolade gebracht, war da Inspiration dabei?*

Das Thema hat mich schon vom Kakao her interessiert. Ich bin leidenschaftlicher Gernreiser, Reisen ist mein Antrieb – im Unternehmen muss ich mich immer so organisieren, dass der Betrieb weiterläuft, wenn ich einmal drei Wochen weg bin. Beim Kakao hat mich immer gewundert, wie wenig da bei uns draus gemacht wird. Irgendwie habe ich begonnen, mich mit der Materie auseinander zu setzen. Ich fühle mich auch wohl dabei. Ich verstehe die Kakaobohne, ich kenne sie in- und auswendig, das fällt mir nicht schwer. Ich hab's jetzt intus. Es ist wunderbar, dass ich das kann, es ist ein Geschenk. Hätte ja auch sein können, dass ich Schweinezüchter geworden wäre, wenn mein Vater 5.000 Schweine gehalten hätte. Fast war's eh so bei uns. Es waren zwar keine Schweine, sondern Obstgärten in Monokultur. Mit 15 Jahren, wenn dein Leben ein Fragezeichen ist, kann das schon passieren. Mein Vater war ja damals der Visionär. Da sind die Leute von weit her gekommen und haben gesagt, wie toll das ist, weil er auf so wenig Fläche so viel herausbekommen hat. Und ich hab mir gedacht, das ist ja ein Wahnsinn, das ist kriminell, wie wir die Erde da bearbeitet und Kunstdünger gestreut haben und wie es da immer nach Spritzmittel gerochen hat. Da habe ich gewusst, das will ich sicher nicht. Und so habe ich mir was anderes gesucht. Das ist ja das Übergreifende der Generationen.

*Sie sind ja jetzt mit der Bioschiene ins Gegenteil gegangen, allerdings auch mit hohem Ertrag auf geringem Raum.*

Das ist richtig, ja so gesehen machen wir auch Monokultur. Wir sind auch ein Produktionsbetrieb, aber ich muss keine Felder und Wiesen bestellen. Enorm wichtig ist die Spannung der Generationen. Meine Kinder bauen jetzt mir gegenüber eine Spannung auf. Die sind jetzt 20 und die suchen noch ihren Weg. Ich lasse ihnen freie Hand, sie sind auch überall auf den Reisen mit.

*Würden Sie sich das wünschen, dass die Kinder den Betrieb übernehmen?*

Früher habe ich mir das nicht gewünscht. Da habe ich zu meiner Frau gesagt, die Spinnereien, die wir machen, machen wir für uns. Deswegen sind wir Unternehmer geworden, weil wir frei sein wollten. Wir machen es für uns, nicht für die Kinder. Je mehr das Unternehmen auch wirtschaftlich läuft, desto mehr denkt man sich, warum sollten wir das eigentlich den Bach hinunter lassen. Ich habe jetzt keine Lust, in fünf Jahren zuzusperren und zu sagen, das war's jetzt, nun gehe ich Schafe züchten. Darauf hätte ich schon Lust, aber ich kann's mir momentan nicht so vorstellen. Eigentlich wünsche ich mir schon, dass die Kinder diesen Geist weiter tragen und dass du dich selber zurücknehmen kannst. Ich merke ja auch, dass ich älter werde. Aber schöpferisch und kreativ kann man bis ans Lebensende sein.

*Gibt es noch irgendetwas, wovon Sie meinen, das müsste zum Thema Inspiration noch unbedingt erwähnt werden?*

Wichtig ist es, die Freiheit zu haben, dass man sich nicht vom Geld oder irgendwelchen Zahlen inspirieren lassen soll, die man erreichen will, weil das einfach sinnlos ist. Das Leben ist jetzt und nicht morgen oder übermorgen oder vorgestern. Einfach in den Tag hinein und jeden Tag genießen und sich bemühen. Das muss ich auch, ich bin auch nicht immer gut aufgelegt. Und dann frage ich mich, was machst du dir denn jetzt für Gedanken, ist ja lächerlich und dann geht es auch wieder. Man soll sich selber nicht so wichtig nehmen. Wenn du das einmal erkannt hast, relativiert sich vieles. Man glaubt, man kann irgendetwas bewegen. Bewegen würde man was, wenn wir plötzlich aufs Erdöl verzichten könnten. Wenn jemand die Idee hätte, dass wir kein Benzin mehr brauchen und die Energie wirklich aus der Steckdose kommt und wir kein Atomkraftwerk mehr brauchen, das wäre was!

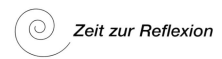 **Zeit zur Reflexion**

Glaube ich wirklich an meine Ideen?

Wie forsche ich?

Wo waren meine Knackpunkte zum Erfolg?

Wie engagiere ich mich im Sozialbereich?

Wie vermittle ich Glück und Freude?

Gelingt es mir, einfach in den Tag hinein zu leben und diesen zu genießen?

Wie wichtig nehme ich mich?

# „Achtsam sein, dass die Phantasie nicht verkommt"

*Mag. Manfred Sauer,
evangelischer Superintendent*

Braungebrannt, in schwarzem T-Shirt, Jeans und weißen Turnschuhen sitzt mir an diesem Hochsommertag Mag. Manfred Sauer gegenüber. Der Ort: Das Büro des evangelischen Superintendenten in Villach. Auf der Liste meiner Wunsch-Gesprächspartner stand Manfred Sauer ganz oben. Vor allem seine Überlegungen zum Thema Ethik im Journalismus, die er bei einer Veranstaltung im Presseclub Carinthia anstellte, waren mir in Erinnerung geblieben. Durch seine Präsenz bei kritischen gesellschaftspolitischen Fragen einerseits und bei gesellschaftlichen Ereignissen andererseits lebt Manfred Sauer zeitgemäße Spiritualität. Die ist auch in diesem Gebäude spürbar, das immer wieder zeitgenössischen Künstlern offen steht. „Es heißt achtsam zu sein, dass man die Phantasie nicht verkommen lässt", sagt der Vater von vier Kindern. „Die Gefahr ist, dass man schon die Phantasie der Kinder beschneidet, sie relativ schnell auf eine gewisse Leistungsschiene einzwängt. Das sehe ich auch als eine wichtige Aufgabe der Kirche zu sagen: Das Leben ist kostbar, ist einmalig, wir sind ausgerüstet mit vielen unterschiedlichen Begabungen, die es zu unterstützen, zu beflügeln, zu fördern und zu leben gilt."

*Wenn Sie den Begriff Inspiration hören, was fällt Ihnen als erstes dazu ein?*

So beim ersten, spontanen Gefühl ist mir natürlich bei Inspiration ‚mit Geist erfüllt werden' eingefallen und natürlich – von meiner Herkunft als Theologe – Pfingsten. Das Pfingstereignis als Inspiration in dieser Doppelgeschichte vom Turmbau zu Babel und Pfingsten. Auf der einen Seite ist die Sprachverwirrung, der Geist der Menschen, der, wenn er zur Hybris, also zur Selbstüberschätzung wird, dazu führt, dass die Kommunikation gestört wird. Und die Gegengeschichte ist die Pfingstgeschichte, wo die Ausgießung des heiligen Geistes dazu führt, dass unterschiedliche Sprachen, unterschiedliche Kulturen einander verstehen. Das heißt, diese Barriere der Kultur, der Herkunft, der Sprache wird plötzlich überwunden. Ein Aspekt von Inspiration, der mich sehr fasziniert, ist dieses ‚den anderen Verstehen'. Inspiration lässt einen dann die eigene Begeisterung viel stärker spüren. Wenn man selbst auch kreativ tätig ist, zum Beispiel Predigten schreibt, stellt sich die Frage, wo bekommt man die Inspiration, die Ideen, die Impulse her, die dazu anregen, bestimmte Dinge weiter zu denken. Inspiration ist für mich auch etwas, wo ich Dinge neu sehen und verstehen lernen kann. Es ist eine Quelle, die beflügelt, die nicht nur den Geist, sondern auch Seele und Herz anrührt, berührt, in Bewegung bringt. Und als Bild fällt mir ein, die Seele bekommt Flügel.

*Woher kommt nun die Inspiration?*

Sie ist nicht auf Knopfdruck abrufbar. Sie ist auch nicht inszenierbar. Ganz am Anfang war es ziemlich schlimm. Wenn man die ersten Predigten schreibt, sind der Druck und die Erwartung an sich selbst sehr hoch. Man denkt an die kritischen Zuhörer. Bei uns hat die Predigt ein besonderes Gewicht und man geht von der Vorstellung aus, wenn ich da jetzt eine tolle Predigt halte, dann sind alle so begeistert, dass sie jeden Sonntag wiederkommen und die Kirche irgendwann voll ist. Aber im Laufe der Zeit lernt man, dass der Gottesdienst ein Gesamtkunstwerk und die Predigt nur ein Teil ist. Da war es dann so, dass ich mich eben die ganze Woche oder ein paar Tage vorher mit dem Text beschäftigt und die Ohren offen gehalten habe. Man nimmt sich dann ein bestimmtes Ritual vor. Ich habe meine Predigten sehr zeitig in der Früh geschrieben. Ich bin um fünf, halb sechs aufgestanden und habe dann gesagt: So und jetzt muss es sein, jetzt muss ich etwas aufs Papier bringen. Das war in der ersten Zeit sehr mühsam, aber dann habe ich mich von diesem Krampf gelöst, das heißt, ich bin offener geworden. Wie ein Filter oder wie ein Schwamm, der jetzt aufsaugt und dann versucht, das, was ich aufnehme, zu verarbeiten in der Hoffnung, dass etwas dabei ist, was mich inspiriert. Die stärksten Inspirationsquellen für mich selbst sind: Film, Literatur, auch die bildende Kunst, auch Begegnungen, Gespräche, Diskussionen. Es ist auch dieses Wachsam sein, das kann dann auch eine völlig unerwartete Begegnung, ein Erlebnis mit den eigenen Kindern im Haus oder auch ein Konflikt sein.

*Gab es in Ihrem Leben Phasen, in denen Sie von irgendetwas oder irgendjemand stark geprägt wurden?*

Für mich persönlich war natürlich die Begegnung mit meiner Frau sehr entscheidend. Ich habe sie im Studium kennen gelernt und war damals in einer eher schwierigen Phase, weil mit meiner ersten Freundin war das immer so ein Auf und Ab und eine sehr schwierige Geschichte. Die Begegnung mit meiner Frau war dann ein sehr befreiendes Erlebnis für mich selber. Mir hätte nichts Besseres passieren können, als meine Frau zu treffen.

*Wie lange sind Sie jetzt schon verheiratet?*

Wir sind jetzt schon 22 Jahre verheiratet und haben 4 Kinder.

*Inwiefern sind Kinder für Sie eine Inspirationsquelle?*

Ja, das habe ich mir auch nicht vorstellen können. Und schon gar nicht vier. Aber das ist eine unglaublich schöne Erfahrung. Als Jakob zur Welt gekommen ist, das war eine sehr schwierige Geburt. Geplant war eine Hausgeburt, geworden ist es ein Kaiserschnitt. Ich war ja nicht dabei, erst dann beim Paul, der, Gott sei Dank, normal auf die Welt gekommen ist. Diese Erfahrung bei der Geburt dabei zu sein, wo ich nicht genau gewusst habe, ob ich das durchstehe, ist ein unglaubliches Erlebnis. Ein Kind das erste Mal in der Hand zu haben, das verändert das Leben, es erweitert, es eröffnet auch den Blick und verschiebt die Gewichtung. Das ist auch normal, wenn ein Kind geboren wird, dann dreht sich einfach sehr vieles um dieses Kind. Wir haben drei Söhne und eine Tochter, die ziemlich knapp hintereinander innerhalb von einenhalb Jahren geboren wurden. Das war dann noch einmal was Besonderes, wie beim vierten Mal doch noch das heiß ersehnte Mädchen gekommen ist. Wir können jetzt erleben, wie unterschiedlich unsere Kinder sind und wie sie uns erzogen haben, oder mich, in Sachen Zeitwahrnehmung, Gewichtung der Dinge, worauf man das Hauptaugenmerk legt.

*Jetzt zu einer anderen Geschichte: Die Kirche ist ja berufsbedingt eine Inspirationsquelle, oder sollte es sein. Ist das heute noch so, kann man diesen Anspruch noch erheben?*

Das ist der Versuch, für mich persönlich ist es so. Gebet als Inspiration, die Stille, auch die alten Texte, die biblischen Texte sind Inspiration. Auf der einen Seite erlebe ich eine kritische Distanz zur Kirche von vielen. Auf der anderen Seite erlebe ich vor allem, wenn es sehr persönliche Ereignisse sind, die fröhlichen, aber auch die sehr ernsthaften, zum Beispiel bei einer Beerdigung, wie nahe wir an der Lebenssituation der Menschen dran sind. Da merke ich auch, dass Rituale unglaublich wichtig sind. Taufe, Hochzeit, Beerdigung – das sind unmittelbare Lebenszusammenhänge, die für die Menschen sehr entscheidend sind. Und wenn das schön gestaltet wird – unter Anführungszeichen – gibt es unglaublich viel Rückmeldung, die aber dann positiv ist, wenn die Leute sagen, dass sie etwas erlebt oder gespürt haben für sich selbst. Nach einem Gottesdienst kann es passieren, dass die Leute sagen, das hat mich sehr angesprochen, das hat mich berührt oder es hat mich irritiert. Das kann man zahlenmäßig schwer erfassen. Aber ich denke mir, das ist die Gegenbewegung zu dieser kritischen Bewegung. Die Erfahrung zeigt, dass Gottesdienst, wenn es eine behutsame auch qualitätsvolle Mischung aus Musik und anspruchsvollen Texten ist, für die meisten zu einer Quelle der Inspiration, des Auftankens wird. Es ist vielleicht ein etwas kritischer Vergleich, aber ich vergleiche es trotzdem immer mit einer Theateraufführung. Wichtig ist, dass man sich gut auf den Gottesdienst vorbereitet – von den Gebeten her, von den Texten, die gelesen werden, die ausgesucht werden, die man selbst verfasst und dem Zusammenspiel mit der Musik und wie man als Pfarrer auftritt. Man bemüht sich, aber das Geschehen selbst hat man dann irgendwie nicht mehr in der Hand und auch nicht, wie es ankommt. Manchmal denkt man, irgendwie müsste dieses dann jenes auslösen, aber die Rückmeldung ist völlig anders. Es gibt eine Dimension, die nicht planbar ist, Gott sei Dank.

*Wenn Sie jetzt wieder an sich denken und an Ihre Inspirationsquellen, gibt es da Maler, Musiker, Literaten, wo sie sagen, ja, die stehen für mich ganz oben?*

Ja. Rainer Kunze, Rose Ausländer, Erich Fried, Marie-Luise Kaschnitz jetzt von den Literaten her. Peter Handke ist total faszinierend. Ich habe ihn und seine Sprache sehr spät entdeckt. Ich liebe auch diese Sprachmusik von Gert Jonke. Es gibt ein paar Bücher, die sehr prägend waren für mich. Heinrich Böll- Ansichten eines Clowns. Goethe – Die Leiden des Jungen Werther, das war für mich auch in einer Phase ganz entscheidend. Der hat für mich auch den Zugang zur Literatur geöffnet, die für mich eine ganz wichtige Inspirationsquelle ist.

*Was ist denn der Unterschied zwischen Einfall und Inspiration?*

Einfall ist vielleicht der spontane Akt und Inspiration ist das Nachhaltigere. Inspiration ist das, was sozusagen weiter schwingt. Wobei ein Einfall auch zu Inspiration werden kann. Wie dieses Wort Einfall schon sagt, irgendetwas fällt ein, oder überfällt. Die Frage ist, was dieser Einfall auslöst. Wenn es nur Impuls und Gegenimpuls sind, wenn man irgendwie sofort reagiert und damit ist das wieder weg, dann war es eben ein Einfall. Aber wenn dieser Einfall stärkere Spuren hinterlässt, dann kann dieser Einfall zu Inspiration werden. Inspiration sehe ich eher so: Es entsteht eine Flügelbewegung. Es beginnt weiter zu schwingen und bekommt eine Eigendynamik.

*Gibt es noch etwas zum Thema Inspiration, das Sie jetzt gerne loswerden möchten?*

Weil ich da jetzt in die Natur hinausschaue: Für Inspiration ist die Stille, das Naturerlebnis, wichtig. Ich bin nicht so ein Naturfreak, der auf die Berge geht, aber ich liebe das Meer und die Seen hier, die Sonne und der Sommer sind für mich auch Inspirationsquellen. Der Winter nur in ganz wenigen Fällen. Aber die Wärme vor allem. Stunden am Meer entlang spazieren oder irgendwo sitzen und der Blick in die Weite, das ist für mich so beflügelnd. Da passiert irrsinnig viel. Jetzt fällt mir noch ein Kindheitserlebnis ein, vielleicht ist das auch durchaus vergleichbar mit einem Meer-Erlebnis. Ich komme aus Bernstein, das ist ein kleiner Ort im südlichen Burgenland, in der Buckligen Welt, eine sehr schöne hügelige Landschaft. Meine Eltern haben bis zu meinem sechsten Lebensjahr eine kleine Landwirtschaft als Nebenerwerb gehabt. Notgedrungen sind wir aufs Feld mitgenommen worden. Auf der einen Seite habe ich das als unglaublich öd und langweilig empfunden, weil nix passiert ist. Aber auf der anderen Seite sind Bilder noch in Erinnerung, wo ich in diesem Getreide bin, das so hoch war wie ich, und dann kommt der Wind drüber... Das war für mich im Rückblick unglaublich inspirierend, eine Welt der Bilder und des Denkens, auch im November diese roten Himmel. Da hat es in der Vorweihnachtszeit immer geheißen, das Christkind bäckt schon. Das wollte ich sagen, diese Dimension von der Endlichkeit auf der einen Seite und dazu dieser unendlich weite Kosmos – das waren sehr berührende Erlebnisse oder Erfahrungen. Das eigene Leben wahrzunehmen als kostbares Geschenk, als Einmaligkeit. Gleichzeitig gibt es ja Phasen, wo man sich intensiv mit dem Tod auseinandersetzt. Ich habe auch bei unseren Kindern diese Angst vor dem Sterben erlebt. Im 90. Pslam heißt es: Lehre uns bedenken, dass wir sterben müssen, auf dass wir klug werden. Das Leben ist ein unglaublich kostbares Geschenk. Wir haben diese Fähigkeiten der Phantasie und der Inspiration geschenkt bekommen und das sollten wir nicht verkümmern lassen. Es gibt so vieles, was uns zuschüttet und unsere Phantasie zu ersticken droht. Da sollten wir wachsam sein.

 *Zeit zur Reflexion*

Welche inspirierenden Erlebnisse verbinden mich mit Kindern?

Die Gretchenfrage: Wie halte ich es mit der Religion?

Wie verhalte ich mich, wenn ich ein Geschehen nicht mehr in der Hand habe?

Kann ich das eigene Leben als Kostbarkeit, als Einmaligkeit wahrnehmen?

Wie pflege ich meine Fähigkeit zur Phantasie und Inspiration?

Lasse ich zu, dass ich zugeschüttet werde?

"… die Menschen unterstützen ihrer inneren Stimme zu folgen"

*Dipl.Ing. Gundula Schatz,
Gründerin Waldzell-Institute*

„Waldzell – A Global Dialog for Inspiration" nennt sich eine einzigartige Veranstaltung, die sich ganz dem Thema Inspiration verschrieben hat. Die Geschichte darüber ist natürlich ein „Must" für dieses Buch. Dipl.Ing. Gundula Schatz, die Gründerin des Waldzell-Institutes, erzählt im folgenden Interview, was es bedeutet, scheinbar vorgezeichnete Wege zu verlassen und allen Widerständen zum Trotz seiner inneren Stimme zu folgen. Seit 2004 organisiert sie am „Kraftort Stift Melk" ein Treffen, deren Teilnehmerinnen und Teilnehmer prominenter kaum sein könnten: Der Dalai Lama war hier ebenso zu Gast wie der Architekt und Pritzkerpreisträger Frank O. Gehry oder der Benediktinermönch David Steindl Rast. Auch die SchriftstellerInnen Isabel Allende und Paulo Coehlo, die Künstler Christo und Jeanne-Claude und Wissenschafter wie der Quantenforscher Anton Zeilinger und der Entdecker des HI-Virus Robert C. Gallo ließen sich auf den „Mythos Waldzell" ein: Inspiriert von Hermann Hesse verfolgen sie die Idee einer gemeinsamen Sprache, die alle Disziplinen – Wissenschaft, Wirtschaft, Politik, Kunst und Religion – verbindet und zu wertvollen Einsichten für unsere Gesellschaft führen soll... es ist die Sprache des Herzens.

*Frau Schatz, Ihr beruflicher Werdegang reicht vom Studium der Biotechnologie mit dem Schwerpunkt Gentechnik über die Mitarbeit im Umweltministerium und in einer renommierten Anwaltskanzlei für Patentrecht bis zu politischer Tätigkeit. Wie kamen Sie über Naturwissenschaft, Recht und Politik letztlich zum Thema Inspiration?*

Als ich in der Patentanwaltskanzlei begann, war das für mich die Erfüllung eines Traumes. Es gab nur zwei, drei Kanzleien in diesem Bereich und es hat lange Zeit gedauert, bis es endlich geklappt hat. Ich fing mit Riesenfreude an und hatte ganz tolle Chefs. Dennoch bin ich bald draufgekommen, dass mir diese Art zu arbeiten zu eng ist. Es gab in mir eine Vorstellung von etwas, das ich in die Welt bringen wollte und was ich in all diesen Jobs nicht verwirklichen konnte. Das, was mich treibt, war noch nicht dabei. Kein Mensch konnte das verstehen, alle dachten, ich bin wohl für das Berufsleben nicht geeignet. Mir wurde geraten, mich doch in meiner Freizeit mit meinen Interessen zu beschäftigen. Das Berufsleben sei eben nicht so, dass man genau das machen könne, was man sich vorstelle. Natürlich war ich durch diese Ratschläge etwas verunsichert, aber tief im Inneren konnte ich es nicht glauben. Damals war ich Anfang 30 und ich wollte zumindest einmal den Versuch wagen, meinen Traum zu leben. Ich dachte mir, wenn ich sehe, dass ich einer unrealistischen Vision aufgesessen bin, dann kann ich mich mit 35 noch nach einem lukrativen Job umsehen. Ich wollte jedenfalls nicht irgendwann dastehen und mir eingestehen müssen, dass ich mein Leben lang zu feig war, meinen Traum zu leben. Damals ging ich an das Esalen Institute für holistisches (ganzheitliches) Lernen in Big Sur in Kalifornien. Das ist ein ganz toller Kraftplatz direkt am Meer und ich war zehn Tage dort, um eine Gestalttherapie zu machen. Neben einer aktuellen Inspiration der anderen Art, aber dazu später, hatte ich dort das bisher stärkste Inspirationserlebnis meines Lebens. Das werde ich nie vergessen: Ich saß auf einer Bank über den Klippen und schaute über das Meer in den traumhaft schönen Sonnenuntergang. Dabei dachte ich nach, was ich nun machen soll und war dabei auch mit meinen Ängsten konfrontiert… und da sehe ich plötzlich Delphine springen! In diesem Moment fühlte ich mich eins mit dem Meer, den Wellen und dem Wind, es war wundervoll! In einer Sekunde waren alle Ängste weg. Ich hatte die Sicherheit, wenn ich dieser inneren Stimme folge, dann wird mir nichts passieren. In diesem Moment war für mich entschieden, dass ich in der Kanzlei aufhöre und etwas Neues probiere. Zu diesem Punkt der inneren Unsicherheit kommt, glaube ich, jeder Mensch mindestens einmal in seinem Leben. Meine Erfahrung ist, dass die Umgebung das nicht unterstützt, sondern im Gegenteil davor warnt, auf seine innere Stimme zu hören. Unsere Gesellschaft ist zu sehr auf Sicherheit aufgebaut und lädt einem unwahrscheinlich starke Existenzängste auf. Aus dieser Erfahrung heraus kam die Idee eine Plattform zu gründen, die Menschen unterstützt, ihrer inneren Stimme zu folgen. Ich hatte noch keine Vorstellung, wie ich das beginnen sollte. Aber ich wusste, wenn ich mit der inneren Kraft arbeite, die ich erfahren habe, dann wird es gut gehen.

*Wussten Sie damals schon, dass es in Richtung Waldzell gehen sollte?*

Nein, überhaupt nicht. Das ergab sich erst im Lauf der Geschichte. Zuerst hatte ich eher die Idee einer Örtlichkeit wie das Esalen Institute in Kalifornien. Doch nun habe ich den Eindruck, dass es in unserer globalen Welt, wo man mit einem Kollegen in Südafrika oft mehr kommuniziert als mit dem nächsten Nachbarn, in einer Welt, in der alles zusammenhängt, eher eine offene Plattform braucht, wo Menschen aus der ganzen Welt zusammenkommen können.

*Wie kam es nun zum Namen „Waldzell-Institute"?*

Waldzell kommt einerseits von Hermann Hesses Buch „Glasperlenspiel" und ist dort der Ort, wo die Talentiertesten unter den Schülern der hypothetischen Provinz Kastalien zu Glasperlenspielern ausgebildet werden. Andererseits hat es natürlich die Bedeutung von Wald und Zelle. Den Wald liebe ich sehr und halte ihn für ungeheuer bedeutungsvoll für unsere Zukunft hier auf Erden. Von der Zelle ging die ganze Evolution aus und geht durch sie auch weiter. Dann stellten wir uns die Frage, wie wir das bekannt machen sollten. So kamen wir auf die Idee einer Konferenz. Dieses erste Waldzell-Meeting war so erfolgreich – da muss man auf Holz klopfen – dass alle Leute gefragt haben, wann das nächste stattfindet. Was von Anfang an gleich wunderbar funktioniert hat, war die Inspiration. Viele Referenten vom ersten Meeting kommen heute noch als Teilnehmer, weil es sie so inspiriert hat. Seither organisieren wir jedes Jahr ein großes Meeting im Herbst. Wenn Inspiration ein so wichtiger Teil ist, stellt sich die Frage, wo man das Meeting macht. Mit dem Stift Melk haben wir natürlich einen wunderbaren Ort gefunden. Allein da hineinzugehen ist inspirierend. Es ist sehr offen und ein ganz alter Kraftplatz. Der größte Raum hat 400 Quadratmeter. Damit man hier gemütlich sitzen kann, haben maximal 200 Leute Platz. Diese Begrenzung hat auch ihren Vorteil, weil mit 5.000 Leuten wäre das Meeting nicht mehr sehr inspirierend. Leider müssen wir so jedoch viele interessante Menschen abweisen. Deshalb planen wir nun auch unter dem Jahr Seminare und kleinere Veranstaltungen durchzuführen. Vielleicht gibt es einmal zusätzliche Waldzell Meetings, aber dann nur an tollen

Plätzen. In der Hagia Sophia oder in Jerusalem würde ich sofort ein Meeting machen. Es geht uns darum Brücken zu schlagen zwischen einander entfremdeten Lagern – deshalb interessieren mich solche Orte sehr.

*Top-Referenten wie den Dalai Lama, Paulo Coehlo sowie viele Nobel- und Pritzker-Preisträger stehen auf der Referenten-Liste. Wie gelingt es Ihnen, diese für Waldzell zu interessieren?*

Viel läuft über persönliche Kontakte. Wir versuchen Leute anzusprechen, die wieder Leute kennen. Es ist schon interessant, dass man über zwei, drei Ecken zu sehr vielen Menschen Zugang hat. Unsere aufwändigste Arbeit ist zu schauen, wie man an die Menschen herankommt, um sie zu interessieren. Es gibt noch immer eine lange Liste von Persönlichkeiten, die wir gerne einladen würden. Das sind zum Großteil Menschen, die 100.000 Dollar pro Auftritt bekommen und wir zahlen keine Honorare. Es geht sich gerade aus, dass wir die Reisespesen übernehmen.

*Wieso kommen diese Persönlichkeiten dann doch?*

Ich glaube, es ist schon das Thema. Die Menschen spüren, dass diese Themen wichtiger werden. Es geht darum, einen Austausch zwischen den Disziplinen zu ermöglichen, die Brücke zu Andersdenkenden zu schlagen und Orte zu haben, wo man frei von fixen Lösungen darüber nachdenkt, wie wir als Menschheit überhaupt weitermachen wollen. Es bricht ein neues Paradigma an und da müssen wir unser Miteinander völlig überdenken. Viele Lösungen von heute sind ja wie ein Fleckerlteppich und greifen zu kurz. Ich glaube, wir stehen vor einer wirklichen Zeitenwende, wo wir größer denken müssen. Und das funktioniert auch wirklich. Die Leute lassen sich darauf ein, werden sehr persönlich und sprechen über ihre eigenen Ängste und Sorgen. Das macht die Inspiration aus, dass sie sich von ihrer menschlichen Seite und nicht immer von ihrer großen erfolgreichen Guru- oder Nobelpreisträger-Seite zeigen. Jeder Mensch ist mit Zweifeln und Ängsten konfrontiert. Da ist es wichtig zu sehen, dass auch andere Angst haben, sich dem stellen und nicht davon laufen, denn das ist keine Lösung.

*Sie haben eine Forschungsgruppe beauftragt, das Ziel der Waldzell Meetings, nämlich die Initiierung eines globalen Dialogs zur Inspiration für Entscheidungsträger, zu evaluieren. Gibt es bereits Ergebnisse?*

Die Umfrage wurde in unserem Teilnehmerkreis gemacht. Das Inspirierendste für die Menschen waren sicher die persönlichen Begegnungen. Einerseits natürlich mit den Referenten, mit denen man gemeinsam Mittag isst oder durch den Garten spaziert, aber auch mit anderen Teilnehmern. Wir bemühen uns ja, weltweit Teilnehmer zu generieren und wollen dezidiert keine rein österreichische Veranstaltung sein. Das inspiriert die Menschen auch sehr. Seit vier Jahren haben wir die Initiative „Architects of the Future". Das sind junge Entrepreneurs, die wir in aller Welt suchen und die ganz besondere Projekte im Sozial-, Umwelt-, Gesundheits- oder Bildungsbereich machen. Diesen bewundernswerten jungen Menschen gelingt es, Probleme mit ganz neuen Ansätzen zu lösen. Sie sind zwischen Mitte 20 und Mitte 30 und machen Projekte in Ländern, wo bittere Armut, Krieg,

Hunger und Terrorismus herrschen. Die Visionskraft und die Leidenschaft dieser jungen Menschen sind so inspirierend für uns, weil wir diese im Laufe unseres Lebens oft verloren haben. Insgesamt ist es sicher diese Mischung aus tollen Referenten, Social Entrepreneurs, wichtigen Entscheidungsträgern aus der Wirtschaft und dem Ambiente des Stiftes Melk. Jedes dieser Teile trägt seines dazu bei.

*Was hat Waldzell in all den Jahren konkret bewirkt?*

Es gibt immer wieder einzelne Projekte, die entstehen, indem Menschen zusammen kommen und miteinander reden und beschließen etwas zu machen. Man kann nur hoffen, dass es vielen Menschen Mut gegeben hat, ihren Weg zu gehen, sich den Fragen zu stellen, sich zu öffnen und hinzusehen, nicht einfach die Augen zuzumachen. Es würde Waldzell nicht mehr geben, wenn es nicht so wäre. Wir leben von der Unterstützung von sehr vielen Menschen. Ein Drittel bleibt, zwei Drittel ändert sich. Und das ist gut so, weil sich auch Waldzell ändert. Es wäre für mich das Schlimmste, wenn einmal Stillstand wäre und wir sagen, da haben wir etwas Tolles und behalten das für alle Ewigkeit bei. Das würde ich nie wollen.

*In welchen Bereichen sehen sie die interessantesten Initiativen?*

Vor allem im sozialen Bereich – was da gemacht wird von ganz jungen und ganz armen Menschen, von Menschen ohne Bildung, ohne Kontakte, die sich einfach hinstellen und sehen, da gibt es ein Problem und sich fragen, wie kann ich das lösen. Die sehen, wo es in unserer Welt hakt, ergreifen einfach die Initiative, setzen das auch gegen Widerstände durch und gehen über ihre Ängste hinweg. Das gibt mir sehr, sehr viel Hoffnung.

*Sie haben früher schon angedeutet, dass Sie gerade eine Inspiration der anderen Art erlebt haben. Was war das?*

Ich bin vor wenigen Wochen wegen einer kleinen Operation ins Krankenhaus gekommen und fast nicht mehr hinaus. Es war an sich ein kleiner Routineeingriff, bei dem man normalerweise nach zwei Tagen wieder nach Hause geht. Doch ich bekam eine schwere Sepsis mit multiplem Organversagen, war eine Woche im Koma und hatte dann noch sechs weitere Operationen, um mein Leben zu retten. Mit großem Glück sitze ich nun wieder hier ohne Dauerschäden. Niemand hat geglaubt, dass ich das überleben würde. Ich war schon mehr im Grab als im Leben. Eine dennoch sehr schöne Erfahrung in dieser Zeit war die Unterstützung, die ich und das Institut erfahren haben. Die Sponsoren sprangen nicht ab, sondern haben gefragt, wie sie helfen können. Mein Bruder ist eingesprungen, die Mitarbeiter waren eine starke Stütze. Aus der ganzen Welt kamen Grußkarten und viele Menschen teilten mit, dass sie für mich beten.
Es war ganz wundervoll, wieder selbst die ersten Schritte zu tun, das erste Mal auf den Berg zu gehen oder Rad zu fahren. Ich nehme das Leben nun mit anderer Dankbarkeit wahr. Ich habe gelernt, für jede Minute dankbar sein zu können und die Chance wahrzunehmen, den Moment zu leben.
„Wann, wenn nicht jetzt" lautet auch das Thema des diesjährigen Waldzell-Meetings. Wir wollen darüber diskutieren, was es bedeutet, im Jetzt

zu leben, was uns daran hindert, welche Rolle der Verstand dabei spielt und was es für unsere Welt heißt, jetzt neue Lösungen zu finden. Den Reichtum des Lebens im Jetzt zu erkennen – das ist ein völlig anderes Leben. Das braucht ständige Aufmerksamkeit. Im Alltag ist es natürlich schwierig, sich immer daran zu erinnern.

*Wie würden Sie denn Inspiration definieren?*

Oh, ich bin kein Freund von Definitionen. Das Problem mit jeder Definition ist ja, es wird sofort eine Schublade daraus und damit wird es kleiner. Und gerade Inspiration möchte ich gar nicht definieren, weil es etwas ist, das man fühlen und leben muss. Ich fühle es in diesem Einssein, in diesem tiefen Glücklichsein.

*Für Sie hat es sich ja sehr schön ergeben, Ihren Traum zu verwirklichen. Ist es nun das, was Sie angestrebt haben?*

Auf der einen Seite ist es ein Prozess, der immer weiter geht, auf der anderen Seite bin ich jede Sekunde glücklich. Ich habe das Gefühl, das ist genau das, was ich tun will. Ich bin auch sehr dankbar, weil es so viele Menschen mit mir umgesetzt haben. Vieles ist einfach auch Fügung. Die Zeit ist reif für solche Ideen. Es kanalisiert sich dann durch bestimmte Menschen und es passiert weltweit, dass so viele tolle, neue Initiativen entstehen. Ein Teil davon sein zu dürfen ist wunderschön.

*Wie lassen Sie sich inspirieren?*

Von besonderen Plätzen beziehe ich sehr starke Inspiration. Für mich sind es vor allem das Meer und die Berge. Ganz besonders liebe ich die einsamen Berge, wo vielleicht nur ein kleiner Hüttenwirt zu finden ist – aber nicht einmal das muss es für mich sein, ich nehme den Proviant auch selbst mit. Gestern war ich auf meinem Hausberg, der Petzen bei Bleiburg, und das ist einfach auch ein traumhafter Berg.

*Wenn Sie etwas voraus blicken und eine inspirierte Vision von der Zukunft haben – was würden Sie sich da wünschen?*

Mein Traum wäre eine Welt, wo kein Mensch mehr hungert, wo alle Menschen glücklich sind, wo Friede herrscht und Liebe die treibende Kraft ist – die Pflanzen- und Tierwelt natürlich mit eingeschlossen.

*Was wäre Ihnen noch wichtig zum Thema Inspiration zu sagen?*

Ich möchte Menschen ermutigen die Inspiration zu suchen. Sie kommt nicht einfach über einen, man muss etwas dazu tun und die Bedingungen schaffen, dass Inspiration für sich selbst und die Menschen eintreten kann. Das kann man auf verschiedene Weise tun, zum Beispiel in der Natur und der Stille, im Alleinsein oder mit Menschen. Man kann in jedem Menschen etwas Besonders sehen. Vor allem kommt es darauf an, im Moment, im Jetzt, zu leben, sich dem zu öffnen, was da ist. Musik und die Kunst im Allgemeinen sind etwas Wunderbares, auch die spirituelle Praxis, auch Kinder – jeder findet seinen Zugang.

***Zeit zur Reflexion***

Lebe ich meinen Traum?

Folge ich meiner inneren Stimme?

Stelle ich mich meinen Sorgen und Ängsten?

Was macht mir Mut meinen Weg zu gehen?

Mit welcher Visionskraft und Leidenschaft gehe ich an Lösungen heran?

Bin ich für jede Minute meines Lebens dankbar?

„Wann, wenn nicht jetzt" – was bedeutet das für mich?

*„Wir sollten Bauch, Herz und Kopf in Balance haben"*

Vjekoslav Martinko,
Lebensunternehmer und Hotelier

Unglaublich, wie stark inspirierend die virtuelle Welt des Internet wirken kann! Während einer meiner Sessions entdeckte ich ein Foto einer Loggia mit Meerblick, was augenblicklich meine Sehnsucht weckte, diesen Platz und seinen Besitzer kennenzulernen. Nach einigen weiteren Klicks hatte ich den Lebenslauf von Vjekoslav Martinko gelesen und seine Homepage www.lovranske-ville.com entdeckt. In einem kurzen Mail schrieb ich ihm von meinem Projekt und fragte, ob er sich eine Stunde Zeit für ein Interview in Lovran nehmen könnte. Das sei vielleicht etwas zu kurz, antwortete er und lud meine Frau und mich gleich für ein Wochenende in seine direkt am Meer gelegene Villa Astra ein. Einfach so. Zwei Wochen später waren wir hoch über der Kvarner-Bucht in Lovran, Kroatien, an jenem Ort, zu dem ich mich schon durch das Web hingezogen gefühlt hatte und der alle meine Erwartungen übertraf. Genau in jener Loggia führte ich mit Vjeko Martinko dieses Interview.

*Wer sind Sie?*

Das frage ich mich auch und versuche schon lange die Antwort zu finden. Viele habe ich schon gefunden, aber noch nicht alle. Ich weiß nur, dass mein Name Vjekoslav Martinko ist, ich bin in Zagorje geboren in der Nähe von Zagreb Richtung Österreich, wo ich meine Kindheit in der Natur verbracht habe mit Büchern voller Poesie und vielen Träumen, irgendetwas Großes zu gestalten. Nach der Kindheit kam ich nach Zagreb in die Mittelschule und Hochschule, wo ich ein Diplom in Maschinenbau gemacht habe. Nach zehn Jahren Tätigkeit in Kroatien war ich die nächsten 15 Jahre in einem Projekt für ein großes holländisch/deutsches Unternehmen als Marketingmanager in Zentral-Osteuropa tätig. Da bin ich viel gereist von Zagreb nach Amsterdam, Wien, Moskau, Prag, Budapest und vice versa. In einem Moment habe ich mich entschieden, das alles zu lassen und ein eigenes kleines Geschäft zu eröffnen. Damals wusste ich noch nicht wo und was, aber das Leben hat mich nach Lovran gebracht und auch an diesen Platz, wo wir jetzt stehen, 350 Meter über Lovran. Der Platz heißt Oraj und hat einen wunderbaren Blick auf die gesamte Kvarner-Bucht, ein Platz, der mir schon viel geholfen hat, diese Antworten zu finden – wer bin ich. Wenn man jetzt weiter geht, kann ich auch sagen: Ich denke, ich bin eine besondere Entfaltung der Schöpfung und diese Entfaltung möchte ich weiter entdecken und zwar so, dass ich mein höchstes Potential entwickeln kann. Um mein Potential zu entdecken, nutze ich alle diese Plätze und Blicke, diese Geräusche und die Stille, um das Hören zu entdecken. Hören in Stille und in Lärm, in täglichen Situationen, um zu erkennen: Wer bin ich, wer könnte ich werden.

*Wie passiert diese Selbstentdeckung?*

Wenn man etwas mit Freude erlebt, ist das wirklich tiefer, wenn man diese Freude mit anderen teilt. Ich glaube, es liegt in der menschlichen Natur, die Erfahrung von Schönheit, von den großen und den kleinen Momenten einfach zu teilen, um andere zu inspirieren. Ich habe auf diesem Weg gelernt, dass wir alle gleichzeitig Lehrer und Schüler sind. Aber lernen kann man nicht nur von Leuten oder Büchern oder Philosophie oder Religionen, lernen kann man auch von der Natur und von Situationen im Alltag. Da ist das wirkliche Lernen, da können wir sehen, wie wir auf einzelne Situationen reagieren. Reagieren wir als Mensch von unserer Mitte, unserem Herz, oder von unserem Ego? Tut das weh, tut das anderen weh? Oder ist unsere Reaktion so, dass sie uns und andere inspiriert?

*Was waren inspirierende Elemente in Ihrem Leben?*

Es waren viele Momente, es sind kleinere und größere. Ich war immer irgendwie neugierig. Neugierig heißt auch offen sein. Heutzutage sagen wir open mind, open heart, open will. Wenn wir offen sind, dann sind Inspirationen da. Jede Situation bringt Inspirationen, wenn wir offen sind etwas zu hören, zu sehen, zu lernen. Meine Inspirationen ... wenn man an die Kindheit zurückdenkt und das Leben in der Natur, wenn eine schwarze Wolke von einer Ecke kommt und das Heu noch auf dem Feld ist, dann sind Sie inspiriert das zu sammeln. Oder ein Geräusch im Wald inspiriert, Wind oder einfach ein fallendes Blatt, das kann Sie inspirieren, wenn Sie die Schönheit der Farben und die Leichtigkeit des Herunterfallens sehen. Aber auch einfach die Schönheit zu sehen ist Inspiration, oder wenn Sie jemanden treffen und einfach tief in die Augen schauen. Ich habe viele Inspiration in meinem Marketinggeschäft erlebt und immer versucht, in meinem Business den Käufer und seine Bedürfnisse besser zu verstehen als er selbst, um ihm das Angebot zu machen, das ihn zusätzlich inspiriert. Es geht darum zu verstehen, was ist sichtbar und was ist unsichtbar. Als Ingenieur und Projektentwickler habe ich das immer weiterentwickelt, die unsichtbaren Horizonte zu sehen. Als ich aus meinem Geschäft ausgestiegen bin, hat es mich wieder inspiriert einen Platz wie Lovran zu finden. Im Englischen spricht man von einem „sense of the place", ein Gefühl des Platzes, der Stadt, des Raumes. Da lernen wir, dieses Unsichtbare in das Sichtbare zu übersetzen oder einfach zu erleben. Dann entwickeln und spüren wir diese Visionen, wenn wir frei genug sind, das zu denken, was undenkbar ist und dann fokussieren und immaterialisieren wir. So kommen wir zu Dimensionen, die vielleicht in der Vergangenheit und ungreifbar waren. Ich glaube, dass die Zivilisation in diese Richtung geht, das Ungreifbare greifbar zu machen, das unsere Zukunft mitgestaltet. Da gelangen wir zum Problem der Unterscheidung, von der Total Reality, vom Ganzen, was uns mit Sicherheit in die Zukunft bringt und was nicht. Und da kommt jetzt die Ethik dazu und damit die Frage, woher die Inspirationen kommen. Kommen sie von der Quelle von allem was ist oder kommen sie von der Quelle unseres Egos. Was möchten wir? Die Unterscheidung ist die Übung, verbunden mit der Lebenserfahrung, mit dem Wissen, der Weisheit. Da können Sie beim Heiligen Ignatius ebenso Erklärungen finden wie bei hinduistischen Religionen. Alle Traditionen beschäftigen sich damit. Aber auch einfache Lebenserfahrung wird Ihnen helfen. Es ist nur die Frage, ob wir das unterstützen, ob wir diesen inneren Garten pflegen, denn dann wird es leichter sein. Wenn nicht, werden wir schneller zu den roten Äpfel greifen.

*Wo sind Ihre Quellen der Inspiration?*

Bücher inspirieren mich. In meinem Auto, im Nachtkästchen, im Büro liegen Bücher und die nehme ich immer. Das hängt davon ab, welcher Typ von Mensch Sie sind – mehr im Kopf, im Herz oder im Bauch, in der Stärke im Körper. Ganz wichtig für mich ist die Studie vom Enneagramm. Es führt dazu, uns und die anderen besser zu verstehen. Wir sollten Bauch, Herz und Kopf in der Balance haben. In unserer Kindheit bis drei Jahre haben wir einige dieser Zentren mehr entwickelt als andere. Das ist eine Inspiration, die finde ich so wichtig, sie ist von dem Franziskaner Richard Rohr, der sich auch mit Enneagramm beschäftigt. Er sagt, unsere Sünde und unsere Talente sind eine Medaille mit zwei Seiten. Wenn ich stark bin und entscheidungsfreudig und das unbewusst mache, kann ich alle anderen verletzen. Aber wenn ich dabei bewusst bin, kann ich entscheiden, wann es notwendig ist, dass ich als Chef vorne stehe. Als Junge hat mir immer die Geschichte mit den vergrabenen Talenten Sorge gemacht. Oh, wie werde ich mein Talent finden und verwirklichen? Jetzt ist mir das klar. Die Talente kommen schon von unserer Bildung wie wir sind. Nur wenn wir das erkennen und bewusst nutzen, dann können wir das verwirklichen. Wenn Sie vom Typ zum Beispiel ein Denker sind und die Bücher nur sammeln und lesen, so bringt das nichts, dann sind Sie verloren in ihrem Ego. Wenn Sie aber sagen, aha, ich weiß das und ich möchte das jetzt auch jemand anderem geben und meine Weisheit teilen – wenn Sie das tun, verwirklichen Sie Ihr Talent.

*Wie erleben Ihre Mitarbeiter Ihre ganzheitlichen Denkweise?*

Meine Mitarbeiter gehen alle zu Darko, unserem Health Coach, zur Akupunktur. Wir machen gemeinsam den Enneagramm-Test und wenn wir Seminare haben, sind meine Mitarbeiter dabei. Wenn wir das holistische Denken bei uns umsetzen wollen, dann gehört das Personal dazu. Ich kann Ihnen sagen, dass das nicht so leicht ist. Ein guter Koch ist sehr stolz auf seine Arbeit. Manchmal bringt dieser Stolz auch Schwierigkeiten. Dann kann ich ihm sagen, schau, diese Kreation wäre nicht möglich, wenn alles, was es hier gibt, nicht vorhanden wäre. Doch wir finden unseren Weg. In Konflikten die Lösung und neue Wege zu finden, das ist heute allgemein ein wichtiges Thema. Das kann mir nur mit dem holistischen Ansatz erreichen.

*Können Sie diesen holistischen Ansatz kurz beschreiben?*

Es gibt ein großes System und wir sind alle in diesem System. Dieses große System hat viele Subsysteme und alles ist lebendig. Wenn Sie einen Kopfschmerz haben, muss man sich fragen, was geschah, was ist das. Oder Sie haben Rückenschmerzen, so wie ich das hatte, dann haben sie vielleicht finanzielle Probleme. Alles bezieht sich auf alles. Es geht darum, das, was ist, loszulassen. Das Universum ist offen, dynamisch, und voller Lebensqualität. Jeder hat das Potential zur Änderung und Transformation. Die Zukunft ist nicht fixiert; wir haben die Möglichkeit sie mitzugestalten.

*Lassen sich auch Ihre Gäste darauf ein?*

Wir haben schon gute Programme im Wellnessbereich mit Massage, Thai Chi, Yoga, aber wir gehen jetzt in eine neue ganzheitliche Richtung: ein Konzept mit Veranstaltungen, Ernährung, organischem Restaurant, mit dem neuen Wissen des Managements, dem systemischen Denken, der U-Theorie. In unserer Firma sind alle beteiligt und auch in der Region machen wir ein Entwicklungskonzept. Das ist ein Projekt mit den Studenten von Rijeka. In einem lebendigen System ist jeder wichtig, auch mit seinen

Problemen, und natürlich auch unsere Gäste. Viele unserer Gäste sind ein Teil von unserem Prozess, sie sind mit uns beschäftigt, zum Beispiel in der Ausgestaltung unserer Räume, mit Ideen und so weiter. Aber in Zukunft werden wir uns mehr auf das Angebot von Paketen konzentrieren. Die werden auf ein bis zwei Wochen konzipiert, um die Lebensveränderungen zu unterstützen. Wir nennen das integrale Wellness, wichtig sind die Erlebnisse und die Inhalte. Wir haben drei Bereiche vorgesehen. Das Programm heißt „Das Leben ist...: Leben feiern, genießen, mitschöpfen." Die Programme, die sich dem Körper widmen, sind nur ein Teil vom Ganzen. Wir werden versuchen, im gesamten Lebensbereich aktiv zu sein.

*Und diese Gegend ist ja der ideale Ort dafür...*

Die ganze Kvarner Bucht ist noch eine unentdeckte Region. Es ist nicht umsonst, dass die Wiener Medizinschule um 1900 das als Winterkurort entdeckt und sich damals hier eine kreative Schicht aus Mitteleuropa getroffen hat, um zu philosophieren, zu handeln, Gesundheit zu schaffen, aber auch um zu genießen und zu feiern. Das ist etwas, was ich mit meinen Mitarbeitern hier wiederbeleben möchte – an einem Platz, der nur ganz selten zu finden ist. Wenn die Sonne am Morgen von Osten über die Kvarner Bucht diese Energie der Frische bringt, die wieder vom Berg Ucka zurückkommt, dann wird hier Wohlfühlen geschaffen. Und alles ist so in der Nähe von Klagenfurt und Wien.
Die Grenzen haben in der Vergangenheit viel geteilt. Wenn wir holistisch sprechen und denken, fühlen wir uns ja als Menschen auf der Erde. Ich habe auch bei den Österreichern gefunden, dass sie jetzt offener sind. Dieser Raum ist zusammen gewachsen und besonders hier kann man das sehen. Jetzt kommen jüngere Leute und sind überrascht. Vorher waren sie auf Fidschi und Mallorca und wer weiß wo überall und kommen nun nach Opatija und Lovran und sagen: „Wow, das ist so unseres, das ist so heimisch!" Sicher, es ist dieses multikulturelle Produkt, das hier gewachsen ist und nun wieder kommt.

*Was ist Ihnen zum Thema Inspiration noch wichtig, worüber wir noch nicht gesprochen haben?*

Den Kopf leer machen. Inspiration kann nicht kommen, wenn der Kopf schon voll ist. Weniger denken! Wenn ich in den Tag gehe, dann atme ich. Mein Bauch soll sprechen, nicht mein Kopf. Inspiration kommt vom Bauch, von innen, und wird nur durch den Kopf in die übliche Form verwandelt. Das zweite ist dann offen sein, agieren, machen, mitschöpfen.

***Zeit zur Reflexion***

Wenn mich jemand fragt „Wer bist du?" – welche Antwort gebe ich ihm dann?

Was lehrt mich mein Alltag?

Wie offen sind mein Geist, mein Herz, mein Wille?

Welche Bücher warten darauf, von mir gelesen zu werden?

Welches Buch hat mich in letzter Zeit inspiriert?

Wie gestalte ich meine persönliche Wellness?

Das Leben ist feiern, genießen, mitschöpfen… sehe ich das auch so?

# SOBETI
## Das 6-Stufen-Modell der Inspiration zum Selbst

*Bei mir selbst will ich lernen, will ich Schüler sein, will ich mich kennenlernen.*
Hermann Hesse, Siddharta[23]

Am Beginn meiner Arbeit war mein Ziel für dieses Buch, viele inspirierende Augenblicke bei vielen Menschen einzufangen und zu erzählen. In der Rückschau, ein Jahr später, erkenne ich: Ebenso interessant sind die Umstände, die dazugehören, um solche Momente zu empfangen, und die Kräfte, die daraus Lebensthemen gestalten. Deshalb habe ich das Essentielle aus meiner Chronologie der Inspiration, den Interviews, aus Büchern sowie Erfahrungen aus Coachings zu einer Struktur geformt, die den gesamten Prozess der „Inspiration zum Selbst" anhand von sechs Stufen zu erklären versucht.

Zur Einbegleitung eine kurze Gegenüberstellung von Kreativität und Inspiration: Beide sind uns angeboren und keine exklusiven Vorrechte besonders begnadeter Menschen. Erfolgreiche Kreativitätsprozesse setzen ein Problembewusstsein, die Bearbeitung des Problems und eine klare Zielorientierung voraus. Der Moment der Aufgabenlösung (Geistesblitz) entsteht meist durch Entspannung und Verfremdung. Vielfältige Techniken tragen dazu bei, dass wie gewünscht die rechte und die linke Gehirnhälfte besser zusammenarbeiten.

Der Prozess der Inspiration muss nicht so sehr im Hirn mit dem Festmachen eines Problems beginnen. Der Mensch in seiner Ganzheit fragt da oder stellt sich in Frage. Deshalb hat Inspiration oft mit Lebenssinn und -aufgabe zu tun und führt zum Beispiel vom Beruf zur Berufung. Vielleicht kommt Inspiration seltener vor in unserem Leben und ist gerade deshalb prädestiniert dafür unsere treibende Kraft zu werden.

Ein kreativer Mensch versteht es, aus gewohnten Denkstrukturen auszubrechen, Wissen und Erfahrungen neu zu kombinieren, Perspektiven zu wechseln und dadurch zu neuen, überraschenden Lösungen zu gelangen. Ein inspirierter Mensch hat nicht Lösungen gesucht, sondern sich auf Entwicklung eingelassen, ist einige Schritte weiter gegangen, um sich und andere besser kennen zu lernen, und dabei seiner Selbst bewusst geworden. Jenseits der Kreativität wird er über sich selbst hinausgewachsen sein.

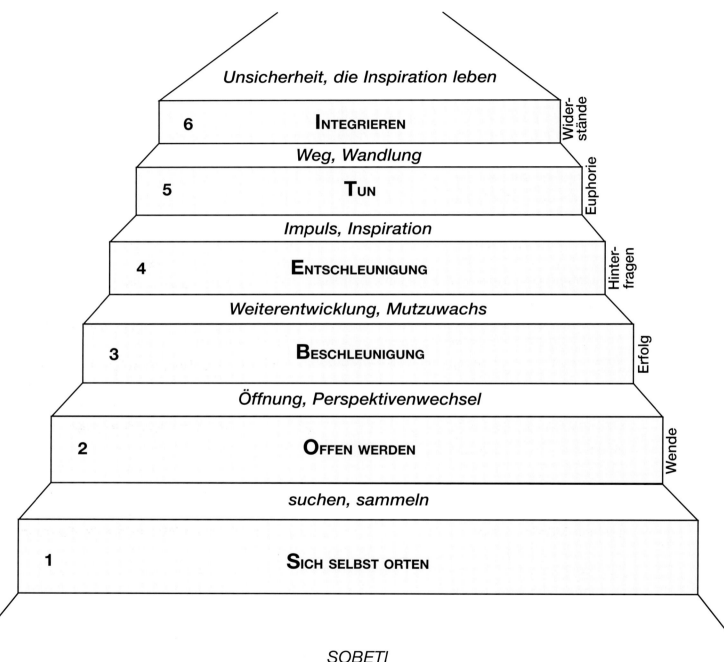

SOBETI
*Das 6-Stufen-Modell der Inspiration zum Selbst*

## Was dieses Modell zeigt

Bis auf Stufe 1, die einen unbestimmten Anfang hat und sehr lange dauern kann, wirken immer entscheidende Wendepunkte als Treiber der Entwicklung. Dazu zählen nicht nur Krisen, sondern auch Erfolgserlebnisse, sogar Euphorie, aber auch kritische Reflexion, Widerstände und Unsicherheiten. Unter diesem Aspekt sollten wir das, was wir oft als lästig, unpassend, störend oder gar unerträglich bezeichnen, bewusst als Potential wahrnehmen.

Jede Wende bringt uns auf eine höhere Ebene unseres Selbst. Danach folgt eine längere Phase des Erprobens und Wachsens, die unbedingt notwendig ist, um zu lernen, mit den neuen Erfahrungen umzugehen. Unweigerlich folgen Zweifel, wachsen die Widerstände. Ihre Überwindung lässt uns die nächst höhere Stufe erreichen, oder, wenn die Selbstzweifel überwiegen, wieder zurück an den Start kehren.

Das Ereignis der Inspiration tritt in der Phase der Entschleunigung ein, gerade dann, wenn man gar nichts will und muss. Hier ist man gewissermaßen über dem Gipfelpunkt seiner derzeitigen Möglichkeiten angelangt, die sich nun unweigerlich einen Weg in die Realisierung bahnen.

Noch einmal wird alles in Frage gestellt, manchmal besonders heftig. Dieses Zwischentief gilt es zu überwinden, was an dieser Stelle im Modell kein Hindernis mehr sein sollte. Der Weg ist frei, die Inspiration zu leben. Was nun auch immer folgt, es hat eine andere Stufe der eigenen Möglichkeiten und des Menschseins erreicht.

*Die Schritte zu den sechs Stufen*

*Stufe 1) Sich selbst orten*

*Suchen*
Meist unbewusst spürt man, dass etwas im Leben nicht passt. Der Grund für diese Unzufriedenheit ist anfangs vielleicht schwer zu orten. Bezeichnend ist, dass diese innere Unruhe nicht nachlässt, so sehr man sich auch ablenken möchte.

*Sammeln*
Auf der Suche nach der Ursache weiten sich die eigenen Sensoren. Man lässt zu, schreibt manches auf oder bespricht es mit vertrauten Menschen. Sinn und Ziel bleiben noch verborgen, eine erste Richtung mag sich weisen, wird aber oft wieder vergessen, verworfen.

*Stufe 2) Offen werden*

### Wende
Ob man einen Menschen trifft, der einem aus der Seele spricht, eine tiefe Krise durchmacht oder sonst wie an die Grenzen seines Daseins stößt: Immer ist es ein entscheidendes Ereignis, das eine Wende bringt. Nichts ist mehr, wie es war. Prioritäten ändern sich (oft radikal). Der dahinter liegende Sinn kann vielleicht noch nicht erfasst werden, gilt es doch, mit den aktuellen Umständen fertig zu werden.

### Öffnung
Das Ereignis, das einem zugefallen ist, wirkt reinigend. Was schon da war, darf sich jetzt zeigen.

### Perspektivenwechsel
Man erkennt verwundert, was alles in einem steckt und wagt sich langsam heran, es zu entdecken. Damit geht ein Perspektivenwechsel einher. Ein neues Licht scheint auf einen (oder sogar aus einem) zu leuchten. Es erhellt Räume, die einem bisher verschlossen und daher unsichtbar waren.

*Stufe 3) Beschleunigung*

*Erfolge*
An dieses Neue muss man sich erst gewöhnen. Noch etwas unsicher geht man auf Entdeckungsreise, wagt das eine oder andere, ist – oft überraschend – erfolgreich. Man hat das Gefühl, mehr Kontrolle über sein Tun zu erlangen. Das persönliche Umfeld reagiert vielleicht irritiert.

*Weiterentwicklung*
Durch den Umgang mit neuen Herausforderungen entwickelt man mehr Fähigkeiten auf allen Ebenen. Das können zum Beispiel mehr Selbst-Bewußtsein, bessere Kommunikation oder Achtsamkeit mit sich und anderen sein, vielleicht wird auch die kreative Ader geweckt. Die Konzentrationsfähigkeit wächst. Alles um einen herum scheint einer Richtung zu folgen.

*Mutzuwachs*
Das steigende Selbstbewusstsein lässt einen mutiger werden, Dinge anzupacken, an die man vorher nie gedacht hätte. Man ist weniger oft frustriert. Manches gelingt mühelos, einiges kann auch danebengehen. Die Herausforderungen wachsen mit, die Offenheit wird noch größer.

*Stufe 4) Entschleunigung*

*Hinterfragen*
Manchmal wird das alles zuviel. Krisenhafte Situationen verlangen mehr als einem lieb ist, in der Selbstentwicklung stellen sich die Fragen nach dem Wozu und Wohin, der Alltag fordert sein Recht. Nicht selten ist man knapp davor, wieder alles hinzuschmeißen, sich zurückzuziehen auf Altbekanntes, mit dem man halt irgendwie gelernt hat umzugehen. Und manchmal gibt man auch auf.

*Impuls*
Überwindet man diesen kritischen Punkt, kann ein entscheidender Impuls folgen. Vielleicht ist es ein Satz, der in einem Gespräch fällt, ein Foto in einer Zeitung, ein Buch, das einen in der Buchhandlung anspringt, ein Moment der Stille, ein Sonnenstrahl, die Erinnerung an eine längst vergangene Situation.

*Inspiration*
Das Samenkorn fällt auf aufbereiteten, fruchtbaren Boden. Seine Zeit ist gekommen, wenn man es am wenigsten erwartet: bei einer alltäglichen Tätigkeit, beim Spazierengehen, in der Meditation… jedenfalls in einem Zustand größtmöglichen Loslassens, unbeabsichtigt. So groß die Inspiration und das daraus Folgende sein mögen, so scheinbar nebensächlich kann der Augenblick dieses „Heureka!"-Erlebnisses sein. Ob er eine Sekunde, eine Minute oder länger dauert – er wird eine Kraft entwickeln, der man sich weder entziehen kann noch will.

*Stufe 5) Tun*

*Euphorie*
Unendlich dankbar empfängt man die Inspiration. Es entsteht Leichtigkeit, gefolgt von einer Euphorie, weil man Sinn und Ziel für sich endlich (er)kennt. Euphorie bedeutet ja ein gehobenes Lebensgefühl größten Wohlbefindens. In diesem Modell trägt sie tatsächlich dazu bei, auf die nächste Lebensstufe gehoben zu werden. Das Zeitgefühl verschwimmt. Alles schiebt und drängt gleichzeitig in eine – die eigene – Richtung. Gleichzeitig hat man das Gefühl, dass alles zusammengehört, eins ist.

*Weg*
Man fragt nicht mehr nach dem Weg, man wird gegangen. Wie selbstverständlich folgt man seinen Schritten, gesellen sich Gleichgesinnte dazu, verlieren andere an Wichtigkeit, fliegen die Ideen herum, dass man sie nur zu fassen braucht.

*Wandlung*
Auf dem Weg ändern sich die Wertigkeiten. Das Ziel entwickelt eine große Sogwirkung, einmal mehr gibt es neue Prioritäten. Bei seiner Reise zu sich selbst hat man inzwischen recht gut gelernt, alles rundherum zu integrieren, Menschen, Umstände, Zu-Fälle, Altbewährtes, Überraschendes, Hinderliches… glaubt man zumindest.

*Stufe 6) Integrieren*

*Widerstände*
Trotz oder gerade wegen dieser Wandlung wachsen auch Widerstände: Zu groß mögen die Herausforderungen an sich selbst scheinen, zu hoch das gesteckte Ziel, zu wenig nachvollziehbar für die Umwelt, was sich bei einem getan hat und tut. Selbst die Frage, ob denn alles so leicht gehen darf, wo wir doch alle gelernt haben, im Schweiße unseres Angesichts zu dienen, taucht auf. Eingelernte Muster im Umgang mit Konflikten fordern ihren Tribut: Soll man fliehen, aufgeben, grübeln, endlos diskutieren oder sich allem einfach stellen? In dieser Phase wird man auf den Boden der Realität zurückgeholt und das ist gut, um sich wieder zu erden.

*Unsicherheit*
Die Phase der Unsicherheit kann je nach Typus zum Beispiel zu verstärkter, zielsicherer Aktivität oder zu einer Pause führen. Dieses Zurücktreten initiiert nochmals eine kritische Überprüfung des Ziels. Impuls und Inspiration werden hinterfragt, was aber nun rasch dazu führt, seiner Inspiration zu trauen und folgen. Wäre es nicht so, könnte man nur von einer Idee, einem Einfall sprechen, der es eben nicht wert war, weiter umgesetzt zu werden.

*Die Inspiration leben*
Wer nun seiner Inspiration folgt, dem stehen alle Türen offen. Man wächst an der Aufgabe, die größer ist als man selbst, und wird ihr im Tun ebenbürtig. Innere und äußere Kräfte wirken zusammen, damit gelingt, was einem die Inspiration aufgetragen hat. Die Grundvoraussetzungen, sich selbst ganz auf Inspiration einzustellen, sind nun erfüllt. Man ist auf der richtigen Frequenz. Wo Inspiration ist, fließt Inspiration zu. Deshalb bleibt dieses Phänomen, hat man es einmal erlebt und integriert, ein Teil des Lebens und trägt weiter.

Die Inspirierte wird die, die sie immer war.
Der Inspirierte wird der, der er immer war.

*Siddharta schlug die Augen auf und sah um sich, ein Lächeln erfüllte sein Gesicht, und ein tiefes Gefühl von Erwachen aus langen Träumen durchströmte ihn.*
„*Er blickte um sich, als sähe er zum ersten Mal die Welt.*"
Hermann Hesse, Siddharta[24]

# Die Inspirations-DNA
## Wie Sie Ihren Inspirations-Code entschlüsseln

Auf Ihrer persönlichen Reise zur Inspiration können Sie einen oder mehrere Schritte weiter kommen, wenn Sie sich den folgenden Fragen und Methoden stellen. Nehmen Sie sich Zeit – und Inspiration dafür. Spricht Sie eine Frage besonders an? Haben Sie das Gefühl, sich gerade in einer der Phasen des 6-Stufen-Modells der Inspiration zu befinden? Was ruft besondere Distanz oder gar Ablehnung hervor? Um welche Frage haben Sie sich schon die längste Zeit gedrückt? Welche Bilder entstehen?

Gehen Sie also einfach spielerisch mit diesem Fragebogen um. Oder doch ganz der Reihe nach – einfach wie es Ihnen in diesem Augenblick gefällt. Beziehen Sie auch die Fragen am Ende der einzelnen Kapitel mit ein. Damit könnten Sie Ihre Inspirations-DNA, also etwa den Code, wie Sie zur Inspiration gelangen, entschlüsseln.

## *Nach dem 6-Stufen-Modell der Inspiration*

### *1) Sich selbst orten: Suchen, Sammeln*

Wenn Sie in der Phase des Suchens und Sammelns sind, mögen folgende Methoden hilfreich sein, ihr eigentliches Thema zu entdecken, also vom Ich zum Selbst zu kommen.

**Arbeiten Sie bewusst mit Ihrer Intuition:**
Zentrieren Sie sich.
Konzentrieren Sie sich auf eine bestimmte Frage.
Achten Sie auf die ersten Eindrücke, die Sie als Reaktion auf die Frage erhalten.
Interpretieren Sie Ihre Eindrücke.
Überprüfen Sie die Richtigkeit der Schlussfolgerungen.

**Zu Ihrer persönlichen Fortentwicklung können auch diese Fragen beitragen:**
Wann bin ich am meisten ich selbst?
Welche Menschen, Orte und Tätigkeiten erlauben es mir, ganz ich selbst zu sein?
Gibt es etwas in meinem Leben, mit dem ich heute aufhören könnte, um damit meine Lebensqualität entscheidend zu verbessern?

Worin liegt meine größte Begabung?
Wie kann ich mit dem, was ich gerne tue, Geld verdienen?
Welche Vorbilder inspirieren mich am meisten?
Wie kann ich anderen am besten dienen?
Welchen Herzenswunsch hege ich in meinem Inneren?
Wie nehme ich meine engsten Freunde, meine ärgsten Feinde, meinen Chef, meine/n Partner/in, meine Kunden wahr?
Was sind die Segnungen in meinem Leben?
Was möchte ich auf dieser Welt hinterlassen?[25]


Stephen R. Covey meint, wir können sofort beginnen, ein ausgewogeneres, integrierteres und stärkeres Leben zu führen, wenn wir von vier einfachen Annahmen ausgehen. Für jede Dimension unserer Natur gibt es eine:

1. Für den Körper: Nehmen Sie an, Sie hätten einen Herzinfarkt gehabt; leben Sie von nun an entsprechend.
2. Für den Verstand: Nehmen Sie an, dass die Halbwertszeit bei Ihrem Beruf zwei Jahre beträgt; bereiten Sie sich von nun an entsprechend vor.
3. Für das Herz: Nehmen Sie an, dass die anderen alles hören können, was Sie über sie sagen, reden Sie von nun an entsprechend.
4. Für den Geist: Nehmen Sie an, dass Sie jedes Vierteljahr vor Ihren Schöpfer treten müssten; leben Sie von nun an entsprechend.[26]

*2) Aufmachen: Wende, Öffnung, Perspektivenwechsel*

In welchen Momenten lebe ich besonders intensiv?
Wer gibt mir ein gutes Gefühl für mich?
Was begeistert mich?
Wer schenkt mir am meisten Bestätigung?
Wer lässt mich froh sein, dass ich am Leben bin?
Was ist für mich das Schönste im Leben?
Wie beginne ich meinen Tag?
Was sind meine Gewohnheiten am Morgen?
Wie könnte ich mehr Zeit für mich gewinnen?
Was würde ich in dieser Zeit tun?
Was liebe ich bei der Arbeit mehr – den Prozess oder das Resultat (mit Begründung)?
Was ist mein idealer kreativer Akt?
Was ist mein größter Traum?

*3) Beschleunigen: Erfolge, Entwicklung, Mut*

    Welche Filme, Orte, Musik, Literatur, Menschen inspirieren mich?
    Was ist der erste Moment der Inspiration, an den ich mich erinnern kann?
    Was war die beste Idee, die ich jemals hatte?
    Was machte diese Idee so großartig?
    Welche Stufen führten zu dieser Eingebung?
    Welche Hindernisse tauchen immer wieder auf, meine Ideen zu verwirklichen?

    Welche Künstler bewundere ich am meisten?
    Was gefällt mir an diesen Persönlichkeiten besonders?
    Was habe ich mit ihnen gemeinsam?
    Gibt es jemanden in meinem Leben, der mich immer wieder inspiriert?
    Wer sind meine Musen?
    Was ist meine Definition für Musen?

*4) Entschleunigen: Hinterfragen, Impuls, Inspiration*

Was ist meine größte Angst?
Wenn ich keine Angst hätte, würde ich es dann wirklich wollen?
In welchen Momenten gelingt es mir am besten loszulassen?
Welche Umgebung, welche Stimmung brauche ich dazu?
Wie könnte ich diese Momente öfter erleben?
Was tut mir wirklich gut?
Wann bin ich leicht, geht mir alles wie von selbst von der Hand?

*5) Tun: Euphorie, Weg, Wandlung*

Wie gehe ich mit überwältigendem Erfolg um?
Wie mit Misserfolg?
Wenn ich Menschen mit überragender Intelligenz oder übermäßigem Talent begegne,
wie reagiere ich?
Was kann ich inmitten meiner derzeitigen Situation als nächsten Schritt tun,
um meine Inspiration zu verwirklichen?
Welchen Stellenwert haben Konzentration und Disziplin für mich,
um meine Ziele zu erreichen?
Was muss ich zurücklassen an alten Gewohnheiten und Mustern?

*6) Integrieren: Widerstände, Unsicherheit, die Inspiration leben*

Wie kann ich Verwirrung ertragen und mich mit Widersprüchen anfreunden?
Wie kann ich meine/n PartnerIn, meine Familie, meine Freunde – kurz, alle,
die mir wichtig sind – mit auf meinen Weg nehmen?
Wie kann ich Mitarbeiter und Kunden inspirieren?

Wie kann es mir gelingen, mit dem Hier und Jetzt, mit diesem Augenblick, eins zu sein?

## Anhang

Personenregister

**A**
Abell, Arthur M. 24
Allende, Isabell 162
Apoll 46
Archimedes 59
Ausländer, Rose 158

**B**
Bach, Johann Sebastian 84
Bachmann, Ingeborg 64
Baldi, Mila 41, 127
Bauer-Lechner, Natalie 84
Beeman, Mark Jung 59
Beethoven, Ludwig van 34, 46
Böll, Heinrich 158
Brahms, Johannes 25, 46

**C**
Christo und Jeanne-Claude 162
Csikszentmihalyi, Mihaly 54
Claudel, Camille 48
Clooney, George 72
Coehlo, Paolo 162
Covey, Stephen R. 38, 187

**D**
Dalai Lama 162
Dali, Salvador 58
DiCaprio, Leonardo 72
Donko, Josef-Klaus 41, 49, 73, 122

**E**
Edison, Thomas A. 49
Eliasson, Olafur 143
Ende, Michael 64
Ernst & Young 92

**F**
Fendre, Michael 42, 66, 86
Florida, Richard 93
Fourment, Hélène 48
Frankl, Viktor 65
Fried, Erich 158
Frisch, Max 13
Fritz, Robert 49

**G**
Gallo, Robert C. 162
Gansterer, Helmut A. 40, 58, 78, 103
Geenen, Harold S. 92
Gehry, Frank O. 72
Goethe, Johann Wolfgang von 84, 158
Gore, Al 72
Grieg, Edvard 25

**H**
Handke, Peter 130, 158
Harste, Björn 98
Haydn, Joseph 78
Herowitsch, Josef 43, 86
Hesiod 46
Hesse, Hermann 162, 184
Homer 46
Horowitz, Paul 58
Horx, Matthias 93
Hugo, Victor 132
Humperdinck, Engelbert 25

**J**
Jesus 124
Joel, Billy 58
Jonke, Gert 158
Jung, C.G. 54

**K**
Kant, Immanuel 84
Karl der Große 124
Kaschnitz, Marie-Luise 158
Kautz, Hanno 44, 140
Kiefer, Anselm 66
Klärner, Harald 43, 67, 74, 105
Klein, Martin 117
Kleinberger, Jutta 42, 48, 74
Kremer, Gidon 86
Krennmair, Norbert 105
Kunze, Rainer 158

**L**
Laliberté, Guy 92
La Monte Young 141

Laotse 52
Leeb, Karin 42, 95, 116
Lichtenberg, Georg Christoph 9
Lievegood, Bernard 38
Lynch, David 81

M
Maar, Dora 48
Mahler, Alma 48, 84
Mahler, Gustav 84
Manrique, Caesar 71
Martinko, Vjekoslav 44, 79, 168
Monet, Claude 26
Mnemosyne 46
Mozart, Wolfgang Amadeus 85
Musen 46
Musil, Robert 102

N
Nikodemus 124

O
Odysseus 46
Oliver, Jamie 137

P
Pärt, Arvo 66, 129, 132
Petek, Rainer 41, 66, 104
Picasso, Pablo 48, 79
Puccini, Giacomo 25, 85

R
Rattle, Sir Simon 34
Rodin, Auguste 48
Rohr, Richard 171
Rubens, Peter Paul 48

S
Sadjina, Christine 41, 71, 104
Saint Exupéry, Antoine – Umschlag
Sauer, Manfred 40, 73, 104, 155
Sator, Günther 94
Scala-Hausmann, Cornelia 43, 54, 74
Schaffer, Wolfgang 42, 107
Schaffer-Schellander, Marianne 14
Scharmer, C. Otto 55

Schatz, Gundula 44, 161
Schellander, Marie-Therese 72
Schmitt, Manuel 97
Schubert, Franz 85
Schwarz, Wolf-Peter 49, 66, 105
Schweitzer, Albert 70
Secretan, Lance 92
Shakespeare, William 104
Smith, Hopkinson 40, 80, 111
Sokrates 125
Somerset-Maugham, William 48
Sonnleitner, Sissy 43, 134
Sonnleitner, Stefanie 44, 134
Steiner, Rudolf 108
Steindl-Rast, David 162
Stickgold, Robert 59
Stockhammer, Andrea 43, 48, 67, 85
Strauss, Richard 25, 60
Sussitz, Helmut 141

T
Tagore, Rabindranath 63
Terzani, Tiziano 101
Tharp, Twyla 60
Tolle, Eckhart 37
Twain, Mark 103
Turell, James 142

V
Vergil 46

W
Wagner, Richard 25, 65
Waldner, Roland 40, 61, 94
Wilder, Billy 58
Wiliams, Nick 102
Wurm, Erwin 152

Z
Zeilinger, Anton 162
Zeus 46
Zotter, Josef 40, 53, 80, 96, 146

## Quellenangaben

1 Frisch, Max, Tagebuch 1946 – 1949, Bibliothek Suhrkamp 1981, S. 21 f

2 Tolle, Eckart, Eine neue Erde – Bewusstseinssprung anstelle von Selbstzerstörung, Verlag Goldmann, S. 253, 254

3 Covey, Stephen R., Der 8. Weg – Mit Effektivität zu wahrer Größe, FranklinCovey Company (2004), GABAL Verlag GmbH (2006, Offenbach), S. 48

4 Lievegood, Berhard, Lebenskrisen/Lebenschancen – Die Entwicklung des Menschen zwischen Kindheit und Alter, Kösel-Verlag München 1994, S. 25

5 Abell, Arthur, M., „Gespräche mit berühmten Komponisten – über die Entstehung ihrer unsterblichen Meisterwerke, Inspiration und Genius", Artha Verlag, Haslach, S. 58

6 50 Klassiker, Mythen, Die Musen, Gerstenberg Verlag Hildesheim, 5. Auflage 2002

7 Fritz, Robert, „Your life as art", Newfane Press (2003), S. 42

8 Kast, Verena, Mit Leidenschaft für ein gelingendes Leben, Verlag Kreuz, Stuttgart 2008, S. 212

9 Csikszentmihalyi, Mihaly, Flow – Das Geheimnis des Glücks, Klett-Cotta, Stuttgart 1992, S. 54

10 Scharmer, C. Otto: „Theorie U: Leading from the Future as It Emerges", SoL, the Society for Organizational Learning

11 Abell Arthur, M., wie oben, S. 35

12 Tharp, Twyla, The creative habit – Learn it and use it for life, Simon & SchusterPaperbacks, New York 2006

13 Frankl, Viktor, „Mensch auf der Suche nach Sinn", S. 14

14 Abell Arthur, M., wie oben, S. 154

15 Bauer-Lechner, Natalie, „Erinnerungen an Gustav Mahler", E.P. Tal & Co.Verlag, Leipzig-Wien-Zürich, 1923

16 Mahler, Alma, Gustav Mahler. Erinnerungen, Fischer Taschenbuch Verlag, Frankfurt am Main, August 1995

17 ebd.

18 Abell Arthur, M., wie oben, S. 154

19 Creative Work – Business der Zukunft, Zukunftsinstitut, 2007-08-26, S. 138 ff

20 Terzani, Tiziano, Das Ende ist mein Anfang, Deutsche Verlagsanstalt, S. 395

21 Williams, Nick, Durch Inspiration wird alles leicht, Verlag Via Nova, Petersberg 2006, S. 70

22 Krennmair, Norbert, Energievoll Leben – Anleitung zum Glücklichsein, SIP – Self Instruction Publishing, Oktober 2007

23 Hesse, Hermann, Siddharta

24 ebd.

25 Gelb, Michael J., Das Leonardo-Prinzip – die sieben Schritte zum Erfolg, Econ, München 2001, S. 80

26 Covey, Stephen R., „Der 8. Weg – Mit Effektivität zu wahrer Größe", FranklinCovey Company (2004), GABAL Verlag GmbH (2006, Offenbach), S. 75

**Weitere Inspirationsquellen für dieses Buch:**

**Bücher:**

Berendt, Joachim-Ernst, Nada Brahma – Die Welt ist Klang, Rowohlt Taschenbuch Verlag, Reinbek bei Hamburg, 1985

Ofman, Daniel, Qualität und Inspiration – Zugangswege zur Kreativität, WiKu-Verlag, Berlin 2005

Petek, Rainer, Mit dem Nordwandprinzip das Ungewisse managen, Linde Verlag, Wien 2006

Prentiss, Chris, Du bist der Schöpfer jedes Moments, Lotus Verlag München 2007

Roach, Geshe Michael, Die Weisheit des Diamanten – Buddhistische Prinzipien für beruflichen Erfolg und privates Glück, Deutscher Taschenbuch Verlag, München 2005

Rosenberg, Marshall B., Gewaltfreie Kommunikation – eine Sprache des Lebens , Junfermann Verlag, Paderborn 2005

Scala-Hausmann, Cornelia, Die einfachen Wunder der Gesundheit

Senge, Peter, Scharmer, C. Otto und andere: Presence, Exploring profound change in people, organizations and society, Nicholas Brealey Publishing, London 2005

Steiner, Rudolf, Die Stufen der höheren Erkenntnis, Rudolf-Steiner-Verlag, Dornach/Schweiz

Tolle, Eckhart, Jetzt! Die Kraft der Gegenwart, J. Kamphausen Verlag, Bielefeld 2000

**Komponisten, Werke und Künstler:**

Johann Sebastian Bach: Cembalokonzerte mit Ton Koopman, Goldberg-Variationen mit Martin Stadtfeld, h-moll-Messe, Lautenwerk mit Hopkinson Smith, The Sonatas & Partitias mit Paul Galbraith

Ludwig van Beethoven, Symphonien Nr. 6, 7 und 9, Egmont – Musik zum gleichnamigen Schauspiel

Joseph Canteloube, Chants d'Auvergne

Georg Friedrich Händel, Ombra mai fù, Arien mit Andreas Scholl

Joseph Haydn, Die Schöpfung

Gustav Mahler, Symphonien Nr. 1 und 8

Felix Mendelssohn Bartholdy, Symphonien Nr. 3 („Schottische"), Nr. 4 („Italienische")

Wolfgang Amadeus Mozart, Symphonie Nr. 41, „Jupiter"

Francis Poulenc: Konzert für Streicher, Orgel und Pauke; Dialogues des Carmélites

Maurice Ravel, Daphnis und Chloe

Igor Strawinsky, Apollon Musagéte, Pulcinella, Der Feuervogel

Jacqueline du Pré: A lasting inspiration
Accordone: La Festa d'Accordone
L'Arpeggiata: All' Improvviso
Barbara Dennerlein, Spiritual Movement
Ravi Shankar, The Spirit of India
Yo-Yo Ma und Bobby Mc Ferrin, Hush
Jamie Cullum; Twentysomething
Dee Dee Bridgewater, „Dear Ella"
Rebekka Bakken, „The art of how to fall"
Sting, „Songs from the Labyrinth",
Music by John Dowland
The Cinematic Orchestra, „Ma fleur"

Ein umfangreiches Verzeichnis an **Weblinks** finden Sie auf der Website des Autors: www.haraldschellander.net

*Dank...*

...meiner geliebten Frau und Muse Marianne, die meinen Weg der Inspiration mitgeht, mich anfeuert, wenn wieder einmal alles stockt, den notwendigen kritischen Blick hat, wenn ich abzuheben drohe, und die Abgeschlossenheit meiner Schreib-Klausuren erträgt;

...meiner engagierten Tochter Marie-Therese, die einen Großteil der Interviews verschriftlicht und dieses Projekt aus der Perspektive der nachfolgenden Generation begleitet hat;

...allen GesprächspartnerInnen für Ihre Offenheit und Spontaneität, wodurch die Interviews zu einem Geschenk für mich und die Leser geworden sind;

...Cornelia Scala-Hausmann für die kongeniale grafische Umsetzung meiner Ideen;

...Helmut Zechner, der mit seinem Wissen und Netzwerk in der Buchbranche für mich ein Fels in der Brandung ist;

...und allen Freundinnen und Freunden, die mich durch ihre Begeisterung für dieses Projekt weitergetragen haben.